U0129092

明清詩文研究新視野

羅時進著

文史哲學集成
文史哲出版社印行

國家圖書館出版品預行編目資料

明清詩文研究新視野 / 羅時進著. -- 初版. --

臺北市：文史哲, 民 93

面：　公分. -- (文史哲學集成 ; 490)

參考書目：面

ISBN 957-549-565-9 (平裝)

1.中國文學 – 明 (1368-1644)– 論文,講詞等

2.中國文學 – 清 (1644-1912)– 論文,講詞等

830.167　　　　　　　　　　　93011481

文 史 哲 學 集 成　490

明清詩文研究新視野

著　　者：羅　　　時　　　進

出 版 者：文　史　哲　出　版　社

http://www.lapen.com.tw

登記證字號：行政院新聞局版臺業字五三三七號

發 行 人：彭　　　正　　　雄

發 行 所：文　史　哲　出　版　社

印 刷 者：文　史　哲　出　版　社

臺北市羅斯福路一段七十二巷四號

郵政劃撥帳號：一六一八〇一七五

電話886-2-23511028 · 傳真886-2-23965656

實價新臺幣二六〇元

中華民國九十三年(2004)七月初版

ISBN 957-549-565-9

自　序

　　自前年由江蘇古籍出版社梓行了《唐詩演進論》之後，一直想潛下心來將計劃中的幾部專著寫完。但事實上專著的進展並不理想，而圍繞著明清詩文進行討論的論文倒新發表了一些，於是便考慮將這些論文彙集起來先行出版，稍加系統地奉獻給海內外學術界，或許有一些心得能爲同仁們參考，還有一些能給大家疑義相析。這便是現在讀者們面前的這本《明清詩文研究新視野》。

　　中國古代文學研究在二十世紀八十年代和九十年代前半期大體上還屬於學術人在事業追求下的精緻的案頭操作，深入的探討辯論，近七八年來隨著學術環境的某種變化，研究者隊伍的擴大，方法的更新，手段的現代化，使人們一方面看到古代文學研究成績斐然，同時也看到浮躁的氣息不時瀰漫，學術泡沫也大量出現。原本是學術人的事業追求，現已隱約出現了一種職業應對的異化傾向。古代文學研究中未必有學者進入學術殿堂的莊嚴或高雅，甚至很難說有多少精神自足，更多的是借助古典的名義進行職業、崗位所需要的生產製作。當“生產化”成爲古代文學研究的重要特徵的時候，論著可以層疊，論題可以翻新，疆域可以擴大，但離敏銳生動的問題意識和由此產生的原創性意義可能已漸行漸遠了。

　　從八十年代初我學習和研究古代文學至今，算來已有二十多年。其中較多的時間是學習唐宋文學，後有幸從錢師仲聯先生攻讀明清詩文方向博士研究生，這樣學術方向就有所延展了。我的生性是很駑鈍的，但無論在讀碩或讀博階段，先生們都給予極大的鼓勵和期許，因此我自知只有以勤勉刻苦的閱讀和思考才能離恩師的希望近些。進入錢師門牆後我更深切感受到的是，在學問上要能"站得住"，既要有開拓創新的勇氣，要有深厚扎實的功力，還要有嚴謹實在的學風。對於前兩方面，我一直深感愧怍，只是在求實這一點上稍微有一點自信。以一分材料說一分話，讓材料驅動思考，在思考中形成觀點，這是我所堅持的治學路徑。這樣做實際上是要求自己決不要輕率地與古代作家對話，不輕易地提出自己考慮得不夠成熟的問題。耐得住寂寞也就能守得住自我。集結在本書中的一些論文當時發表後，能被一些刊物和學者轉載和引用，錢師仲聯先生也多予褒獎，這對於我來說，對於一個學者來說，就是最大的鼓勵和安慰了。現在我將這些論文彙為一集，是對近年來研究道路的一次追蹤，它對於即將出發的新的學術歷程是有一定的礪志意義的。

　　如果說我以往二十多年的學術經歷重要是唐宋文學尤其重在唐代詩歌研究的話，即將啟程的則是明清詩文主要是清代詩學的研究。清代詩學與江南文化的同步共振的關係也是這些年縈繞在心際的一個問題，錢師仲聯先生還曾提示完成《錢謙益年譜》的編撰，這確實也是一個非常具有典型意義的學術史人物研究。今天，當《明清詩文研究新視野》完成之際，我有一種好長時期未曾有過的輕鬆，這是向一個新的領域進發的愉悅。前方的清代文學學術是那樣的富有魅力，我感到有一種力量正推動著我走向這個觸目菩提的世界，敦促我用更紮實的努力去發掘那里的無量寶藏。

羅時進寫於蘇州大學

明清詩文研究新視野

目　錄

八股文異名述論

　　八股文是明清時代專門用於科舉考試的文體，又名八比文、經義、制義、制藝、時文、時藝、四書文，習慣稱呼還有帖括、程墨、行卷、房稿、社稿、窗稿、題文等。一種文體，有如此多的異稱，這種現象在中國文學史上並不多見，它反映了這一文體具有深遠的歷史淵源和多方面的內涵，也為我們提供了對之進行多角度觀照和讀解的可能性。以下根據各名稱之間所具有的內在聯繫分別述錄並進行初步探討。

一、八股文、八比文

　　"八股文"之稱是從文體結構角度而言的，《明史·選舉志》在談到這一文體時說："其文略仿宋經義，然代古人語氣為之，體用排偶，謂之八股。"和經義、時文等有宋以來即沿用的名稱相比，"八股"之名蓋起于明成化以後，是較為晚出的，且非正名，而是流俗所稱，久而久之，在入清以後才逐漸成為比較典型的名稱。

　　一篇八股文，完整的結構應該有十個層次，即破題、承題、起講（小講、原起）、領題、起股（起比、前股、提比、起二比）、出題、中股（中比、中二比）、後股（後比、後二大比）、束股（束比、末二小比）、落下（收結，明萬曆前後用"大結"，其後廢止）。其中起股、中股、後股、束股，各股皆如律詩之有出句、對句而兩兩對偶，因此全文共有八股，或八比，這是這一文體的正格。
屬於正格的還有六比，另外還有十比、十二比、十四比、十六比、
十八比、二十比者，這些皆非正規格式，作為科舉程文是忌用的。
"比"在全文中是發揮題義的主要部分，而在提比、中比、後比、
束比之中，起比和束比略短，每比四五句或八九句以下，而中比
和後比較長，每比可以有十多句至二十句。

　　毛奇齡曾說："世亦知試文八比之何所昉乎……天下無散文
而複其句，重其語，兩疊其語言作對待者，唯唐制試士改漢魏散
詩而限以比語，有破題，有承題，有領比，有頸比，有腹比，有
後比，而後結以收之。六韻之首尾即起結也，其中四韻即八比也，
然則試文之八比視此矣"（《制義叢話》卷一引）。八股文的衍生
有一個長期複雜的過程，而近體韻文無疑是對其演化過程起重要
影響的文學因素之一。

　　值得注意的是，股者，支別也，比者，對偶也，"八股"和
"八比"嚴格說來是不同的，但偏偏在元明清文人那裡習慣性地
將兩者等同起來了。儘管"八比就是十六股，名不副實"，[1]但長
期以來一直沿用，"比"不但等同為"股"的意思，而且成為常
用的評點的技術性用語。其實正是"八比文"之名，明顯地標示
出這一文體的駢偶的特徵，使學人們能夠在文學史上尋繹到這一
文體與律賦、近體詩之間存在的某種書寫和表現的淵源關係。當
然無論如何，作為一個文體名，"八比文"的代表性是遠遠不如
"八股文"的，在清末朝廷上下眾多的"請廢八股"的奏章中，
唯稱"八股"，而決不言"八比"就是最有力的說明了。

　　關於八股文之名，顧炎武曾有感於"嘉靖以後文體日變，而
問之儒生皆不知八股之何謂矣"，特為之解釋："股者，對偶之

---

1 啓功《說八股》，載《北京師範大學學報》1991 年第 3 期。

名也。"進而闡述"其兩扇立格（謂題本兩對，文亦兩大對），則每扇之中各有四股，其次第之法亦復如之，故今人相傳謂之八股，長題則不拘此"。對於每扇四股的安排，他認爲即"一反，一正，一虛，一實，一淺，一深"（《日知錄》卷十六《試文格式》）。雙扇結構在八股文中是稍微特殊些的，"無此真實力量似不宜輕效之，科舉場中尤所不宜"（梁章鉅《制義叢話》卷二），而顧炎武的這一解說求證於更多的八股文文本在學理上也尚有未盡通達之處，還需要進一步討論。

二、經義、制義、制藝

"經義"是就八股文的內容而言的。顧炎武《日知錄》卷十六《經義論策》云："今之經義始于宋熙寧中王安石所立之法命呂惠卿、王雱等爲之。"宋神宗熙甯四年貢舉制度實行改革，進士科停考詩賦、帖經、墨義，改考經義。士人各治《詩經》、《尚書》、《周易》、《周禮》、《禮記》中一經，兼習《論語》、《孟子》。共考兩場經義，兩場策論。第一場考本經，第二場考十道兼經大義，第三場考一篇論，第四場考三道策。[2] 科舉考試中的經義規定以《三經新義》爲准，要求士子應試，"自一語以上，非《新經》不得用"。這次貢舉改革，其目的即要"除去聲病偶對之文，使學者得專意經術"。爲了統一格式和軌範，中書門下撰"大義式"頒行，並要求經義程文不得超過五百字，又由王安石撰《字說》，並與其子王雱、同僚呂惠卿等撰定《三經新義》（《詩》、《書》、《周禮》），由神宗親准頒行。王安石還親以"經言命題"撰寫了數篇經義文。南宋經義法乳北宋經義，又爲元經義所仿，明清八股文

---

2 朱瑞熙《宋元時代的時文：八股文的雛形》，載《歷史研究》1990 年第 3 期。

可以在此追溯到以一定形式發揮經術的最早範型。明清兩代沿襲前代，科舉必考經義，而且放在首場，特予重視。考經義要求守經遵注，代聖立言，闡發儒經大義，體裁多用八股，因此明清文人往往將經義文與八股文等同而稱。

“制義”與“制藝”之名涵義相同，後者與前者相類並出，突出的是這一文體具有藝術的某些特性。關於“制義”一名出現的緣起，梁章鉅存疑未究：“宋王半山始作制義，宋史本傳中無此語，不知起自何時……元代倪士毅、王充耘亦各有經義程式，皆未之載，是於此事原始亦尚語焉未詳”（《制義叢話例言》）。章氏提到的兩部元人經義論著是倪氏的《作義要訣》和王氏的《書義矜式》，除此之外考之元陳悅道《書義斷法》等相關著述，也未見“制義”之名。大致說來，它應當是明代以經義取士的科舉制度進一步確立和強化以後才出現的。

《史記·始皇紀》：“命爲制”，自古以帝王詔命稱“制”。科舉制度，“其天子詔者曰制舉，所以待非常之才焉”（《新唐書·選舉志》）。制舉與常舉相比具有一定程度的“特科”性質，但因爲科舉考試本身是以皇帝和國家名義進行的，從這一意義上說，平常科舉也可稱制舉，故明清的科舉程文——經義便以“制”冠之，以示尊崇和權威。明清兩代“士以制義起家”（明吳應箕《樓山堂集·杭州書某孝廉事》），“制義”在期待入世的士人心中的地位是非常高的，五百多年中它也成爲科舉文最正規的名稱，不少重要的經義文選和八股文論往往以“制義”冠名，如俞長城《可儀堂一百二十名家制義》、李光地《榕樹制義》、韓菼《有懷堂制義》、陳句山《制義體要》、梁章鉅《制義叢話》等，都是很有聲名的。

三、時文、時藝

　　"時文"這一名稱是八股文異名系列中歷史最悠久的，最有代表性的一種。自北宋起貢舉和學校考試使用的特定文體就是時文。趙宋三百年，"士雖有聖賢之資，倘非俯首時文，無自奮之路"（文天祥《跋李龍庚殿策》），可見其在科舉過程中的重要作用。這一文體，在宋初典贍富麗，蔚成聲勢，楊億、劉筠諸公並世而出，西崑駢賦更歆動海內，儼然爲一時新潮，"當時學者，翕然宗之"，因此楊億"手集當世之述作，爲《筆耕時文錄》數十篇"（《宋史·楊億傳》）。這是可以考知的第一部時文選本。隨著復古思潮的興起，西崑時文受到抨擊，其後經過歐陽修等文壇宗師改造，加以散文化，使之向平易實用方向大力推進了一步。神宗熙寧中，經義時文取代西崑時文成爲第一入世文體，從此時文與經義同義。進入明清後，時文就與八股文密不可分地聯繫在一起，常常成爲其代名了。

　　時文之名推源其初當沿六朝和唐代與古文意義相對的"今文"變化而來。六朝至唐代，"時"字具有了"新異"和"時尙"的意義，如元稹《雜詩》（其四）"紅羅著壓逐時新，吉了花紗嫩鞠塵"；朱慶餘《閨意》"妝罷低聲問夫婿，畫眉深淺入時無？"這使得"時文"代替"今文"成爲與"古文"相對的概念具有了語用條件，也使得"時文"的概念潛涵了"趨時"的暗示。自宋而降直至清末，"時文"的使用既往往表示文體包含了鮮明的偶對成分和一定的韻文特點，同時也表現出某種"與時俱新"的文體觀。可以注意的是，雖然南宋人對時文相當鄙薄，尤其對時文寫作標新立異，不求貫通深致不滿，如《朱子語類》卷十云："近日真個讀書人少，也緣科舉時文之弊也，才把書來讀，便先立個意思，要討新奇，都不理會他本意著實。才討得新奇，便准擬作時文使。"明清兩代文人對時文的批評更多深刻、激烈之言，但是，如袁宏道這樣的富於開創意識的文學家，卻能夠從文學史動態發展的宏觀角度將時文理解爲一種時代的新文體。[3] 其《諸大家時文序》說："今代以文取士，謂之舉業，士雖藉以取世資，弗貴也，厭其時也。夫以後視今，今猶古也，以文取士，文猶詩也。後千百年，安知不瞿、唐而盧、駱之，顧奚必古文詞而後不朽哉？"這裏"厭其時"一語正表達出當時一些文人以時文爲新尚，"近時"、"應時"的心態，從某種意義上說，這也許是符合"時文"之名所揭示的意義的。

"時文"與"時藝"兩個名稱的關係就如"制義"與"制藝"一樣，連類而義同。如果說與"八股文"相比，"制義"之名較正，而"時文"之名較雅的話，"時藝"之名就是最爲雅化的表達了。路德的《時藝核》、《時藝課》、《時藝辨》、《時藝話》、《時藝綜》是以"時藝"標名的一系列專題研究著作，影響較大。

四、四書文

"四書文"是就八股文的題義和內容而命名的，正如梁傑《四書文源流考》所說：四書文"其初本論體之小變，特專以四書語命題，其源蓋出於唐之帖經墨義。"元代前期，科舉停試，至延祐元年才正式開科取士。考試規定在"四書"內出題，而發揮題義則要求以《四書章句集注》爲根據。這是科舉考試中正式用四書文之始。元倪士毅在《作義要訣》中已充分認識到深入理解四

---

3 吳承學《簡論八股文對文學創作與文人心態的影響》，載《文藝理論研究》2000年第 6 期。

書的意義：（作義）“須將文公四書仔細玩味，及伊洛議論大概，皆要得知，則不但區處性理，題目有斷制，凡是題目皆識得輕重，皆區處得理道。”

入明以後，四書在科舉中的地位更加突出，《明史‧選舉志》云：“科目者，沿唐宋之舊而稍變。其試士之法，專取《四子書》及《易》、《書》、《詩》、《春秋》、《禮記》五經，命題試士，蓋太祖與劉基所定。”明太祖朱元璋與劉基制訂科舉條例，是洪武三年的事，這是一個極其重要的政治與文化政策的謀劃，自此明清兩代試士進行三場考試，都堅持在首場試四書文，且“《四書》主《朱子集注》。”五經文考試實際上並未長期進行，清一代就唯試四書而已，可見四書具有“獨此爲尊”的極端重要的地位，以“四書文”從內容上指稱對於科舉有決定意義的八股文就是自然而然的了。

“四書”作爲主要的甚至唯一的考試內容，對題目割裂變化影響很大。在明初四書與五經題並出時，題目都意思完整連貫而明白通暢，並無偏、冒、截、搭等特異形式，一旦出題限於四書之內，時間稍久，題目淘盡，難以翻新，於是繁簡紛歧的題形就層出不窮了。限題于四書，必然也影響“守經尊注”的寫作方法。這種影響是兩方面的，一方面，要求士子立足朱注，精熟文本，尤專一經；另一方面，允許士子在朱注對某一章句的集解中，斟酌抉擇，有所思辨，有所發掘。八股文這一思想與文字的遊戲，爲什麼讓天下熱衷場屋者既“帶著鐐銬”，但終究還能“跳舞”，並且能夠長期“跳”下去，從這裏是可以找到某種原因的。

以“四書文”爲題名的八股文選和八股文論著作有兩部甚得時譽，一部是清乾隆初勅令方苞選編的《欽定四書文》，全書之題覆蓋《論語》、《孟子》、《大學》、《中庸》各本，共四十一卷，選文凡四百八十篇，各篇文中皆有卷點旁批，文末作精要的總評。另一部是乾嘉時著名學者阮元的《四書文話》，全書分二十四門，對八股文原始、體裁、命題、文法、考核、選本、風氣、流弊等一系列問題分門別類，細大不捐地加以述論。這兩部書前者因"欽定"的官方色彩而爲士子必讀，後者因作者的學者形象而知名於當時與後世，"四書文"之名也藉此深入人心。

五、帖括、程墨、房稿等

帖括、程墨、行卷、房稿、社稿、窗稿、題文等，其中一些是沿用前代科舉文體舊名，一些則是各種八股文稿本和坊刻本的習慣稱呼。

關於帖括，商衍鎏《清代科舉考試述錄》中解釋道："八股文有謂仿于唐之帖括者，是以亦有帖括之稱。帖括即帖經，唐制取《易》、《詩》、《書》、《禮記》、《周禮》、《儀禮》、《春秋左氏》、《公羊》、《谷梁》諸經中，或《孝經》、《論語》、《老子》等，隨其所習出題若干道，令試者賅括而帖之……唐人之試帖括者，多兼及於詩賦與策論。是其發題雖源於經，而按其實際，與制義固不相類也。"

程墨、房稿、行卷、社稿，是四類八股文坊刻本。程墨是三場主司及士子之文，房稿是十八房進士之作，行卷是舉人之作，社稿是諸生會課之作。另外，窗稿是士子平常寒窗下課業的優秀作品，題文是各種大題四書文或小題四書文的彙選。清代八股文有一個極大的射利市場，往往一科房稿之刻就有數百部，"天下之人惟知此物可以取科名、享富貴，此之謂學問，此之謂士大夫。"因此蘇杭之地一旦大量刻出，中原、北方的商人便市賈以去，士

子爭相購之藏之謷之，作爲敲門、弋獵的工具。需要說明的是，
上述諸種，唯窗稿一般不是以刻本形態傳播的。顧炎武《日知錄》
卷十六引《戒庵漫筆》云：“余少時學舉子業，並無刻本窗稿，
有書賈在利考朋友家往來，抄得燈窗下課數十篇，每篇謄寫二三
十紙，到余家塾揀其幾篇，每篇酬錢或二文，或三文。”顯然，
窗稿往往是抄本，流通範圍也遠不如程墨、房稿等廣泛。

八股文長期沿用的文化機制

　　隨著科舉制的廢除，八股文的命運走到了盡頭。其實在此之前，這一文體就不斷受到指斥和抨擊，此後"八股"便成爲一個表示形式主義的符號和舊文化的象徵。對一種過去了的文學現象，歷史和後人都有評估的權利。評估並非要鑒定，重要的是對其形式、內涵和文化機制認知和解釋。對這一文體，由於歷史的評估似乎非常明確，倒反而帶來了一些讓人不甚明瞭的疑問。比如，自從這一文體確立，許多人就批評、痛詆甚至視爲禍害，那麼，它爲什麼能沿用五百餘年，保持著明清時代的第一入世文體的地位呢？這實在是一個難以迴避的基本問題，本文從統治思想、試士功能和學術建設三個方面作初步探討。

一、統治思想與科舉考試結合一體

　　自漢武帝罷黜百家，儒學即定於一尊。南宋時期，程朱理學興起，使儒學更直接進入了統治階級的管理體制。在元代，孔子的地位又有了新的提高。武宗至大元年，制加孔子"大成"之號，即在原有的"至聖文宣王"之上，再冠以"大成"二字。這時朱熹的地位也提高了，遠遠超出了周、程，幾乎接踵夫子。熊禾《考亭書院記》說："周東遷而夫子出，宋南渡而文公生。"又說"微夫子《六經》，則五帝三王之道不傳；微文公《四書》，則夫子之道不著。"朱子學的地位於是確立。元代儒學正統思想的推進對明清影響很大。明鄧球《皇明泳化類編》卷一〇六記載了明太宗稱孔子之言"真治國之良規,萬世之師法也";乾隆《日講四書解義序》更直稱《四書》"道統在斯,治統亦在是矣。"這表明明清兩代將堅定地以儒學爲治國的指導思想。

宋元以來中國封建社會已進入了危機四伏的中後期,各種思想、學說時有出現,而社會風尙逐漸衰頹。這就促使統治階級試圖從根本上"正人心"、"振綱紀",來防範和解決社會危機。顯然,以朱子學爲明代以來的官學有著深刻的鞏固體制的需要。朱子的認識論乃"格物致知"、"即物窮理",即通過"遍格萬物"的方法,去明察萬物的"所以然"。他從認識的主體和認識對象的關係的角度指出:"知在我,理在物","格物者,窮事事物物之理;致知者,知事事物物之理。"所以,只有"逐一理會""、格盡物理,則知盡"。[1]這種"格物致知"的對象,不僅包括社會、自然、也包括儒學理論本身。對於統治者來說,如何才能使人們不斷地去"格"聖賢義理,去孜孜無怠地"逐一理會"呢?這就需要有一種文化機制。這種機制既要有理性的吸引,又要有利益的驅動,而這兩者的最佳結合,無疑就是科舉考試了。用八股文來解經原道,並將這種形式納入科舉考試制度,使徵聖、宗經、原道具有持久的動力,以此杜遏異端邪說,控制思想,使一代代踏入仕途的管理者具有修、齊、治、平的修養,從而能夠"化民成俗",以維持和鞏固傳統的政治體制,這是明清兩代統治者的目的,也是他們的智慧。這一舉措的效果邵懿辰在《儀宋堂後記》中有一段議論可見:"向使漢不以經術取人,明不以制藝試士,雖聖賢精神與天地相憑依,必不至於泯滅無有,然安能家喻戶曉,焯然如今日之盛耶?"即使康有爲在戊戌變法

---

1 朱熹《朱子語類》卷十五,朝鮮古寫徽州本。

期間所上的《請廢八股試帖楷法試士改用策論折》中也認爲以時藝取士，“抉經心而明義理，扶人倫而闡心性”，雖未足以育才興學，然當閉關之世，“猶幸以正世道人心焉”。

　　將八股文與考試取士結合起來產生了極大的吸引力。清高宗在其命學士方苞選輯《欽定四書文》的諭旨中說：

> 國家以經義取士，將使士子沉潛於四子、五經之書，含英咀華，發攄文采，因此覘學力之深淺與器識之淳薄，而風會所趨，即有關於氣運。誠以人心士習之端倪，呈露者甚微，而徵應者甚鉅也。

　　“徵應者甚鉅”正是由於士子的熱衷乃至迷信。爲了刺激士子追逐的熱情，保證這一文化管理體制的運作，明清兩始終堅持在首場試四書文，二、三場兼用論、表、詔、判、策的考試全過程中，重點放在頭場，極力顯示八股文在試士選拔人才中的突出地位。在清代，朝廷雖然也幾次下達閱卷官應三場並重之旨，如順治十六年禮部覆准，“司試各官分別三場，遍閱合訂，……若首場工而後場不稱，黜不與選。”雍正六年禮部亦覆准：“不得專重首場，忽略後場。”但乾隆二十五年就曾發生“山西鄉試掌卷官，將頭場文字分給各房外，至二、三場，惟將頭場朱卷字型大小已經呈薦者揀發，其餘並不發給”之事。重頭場已成通例，其勢難以改變。乾隆九年方苞選輯《欽定四書文》成，禮部因議准今後“鄉、會試及歲、科試，應遵《欽定四書文》爲準。”這是以統治者意志強化士子八股文寫作意識的重大措施，也必然更加強化閱卷官的“頭場意識”。至嘉慶十年諭：“鄉、會試三場並設，經文、策對，原與制藝並重。然必須先閱頭場，後閱二、三場；先校薦卷，後搜落卷。”[2] 可見朝廷所重在於頭場是一以貫

---

2 商衍鎏《清代科舉考試述錄》，三聯書店 1958 年版。

之的。

　　對頭場八股文的重視直接影響到教育過程。正如湯成烈所說，國學、府學、縣學，"考其學業，科舉之外無他業也；窺其志慮，求取功名之外無他志也"。乾隆二年孫嘉淦管理國子監事，奏定令國子監諸生於時藝外，各明一經，治一事，使之爲有用之學。其實此舉絲毫無補於事。據陳康祺《郎潛記聞》卷二所稱，下至晚清，國子監六堂課士，"仍課時文外無所事事也"。其癥結所在，自然是因爲頭場考試乃入仕關隘。大勢所趨，即使是一些有識之士有志于矯正學風，最終也不可能跳出"時文中心"的窠臼。清人曾對這樣的教育現狀大爲感歎："考所爲教，率不出經藝試帖，蓋利祿之錮人心久矣"（陳寶箴《上沈中丞書》）。統治者用八股文揭示出一條榮身之途，教育者和受教育者都因此而生出利祿之心。這種緊密契合，是八股文能行之五百多年的不可忽視的重要原因。

二、體現出一定的選拔人才功能

　　明開基以後，洪武帝就"訪賢才於天下"，[3] 而科舉被視爲選拔人才的最重要的途徑。明宣宗嘗云："科舉求賢，國家重事，於此而不用心，他事可知矣"。[4] 宣宗這番話的意思，明代不少帝王都有類似的表達。清代統治者亦以科舉爲"掄才大典"。爲了保證選拔人才的質量，杜塞庸濫，使進入仕途者能當任其事，發揮作用，統治者總力圖使科舉形式和過程表現得公正。以八股文取士，則在一定程度上能實現選拔人才的功能。

---

3 勞堪《憲章類編》卷十八《征賢》，萬曆六年刻本。
4 勞堪《憲章類編》卷二十二《各省鄉試》，萬曆六年刻本。

　　第一，能較爲有效地防範弊竇。唐代科舉考試的作弊案已時有出現，至宋爲甚，糊名、謄錄等措施仍然無力。其時甚至有人以試卷內容作案，如在開頭或結尾用特定虛詞或古字作標誌，串通考官舞弊。朱希召《宋曆科狀元錄》卷六記載：“淳熙中起汪應辰爲大宗伯，有一友屢黜于禮部，甚念之。將就道，約其會于富陽一蕭寺中。夜對楊密語云：‘此行或典貢舉。《易》義冒子，可用三古字，以此爲驗。’其友甚感。應辰果知舉，搜《易》卷，有冒子用三古字者，置之前列。”此事宋羅大經《鶴林玉露》亦記載，當是其時比較典型的科場作弊案。明代爲防範此類事件，首先整肅主司其事者。如成化十五年諭禮部臣“科目選賢，國家重事，若聘主司有徇私作弊者，今巡按、禦史並布按二司互相糾舉，或爾部中詳看體訪，得出奏來，必重治之”。[5]清代“慎重科名，嚴防弊竇，立法之固，得人之盛，遠軼前代”。[6]確實，清代科舉貢式條例之密，處罰之重，較之明代都大大突過。其時科場案甚多，一部分可歸於政治原因，但懲處舞弊，整肅場屋，有意識將科舉問題“曝光”，也是一個重要目的。

　　但是，僅僅事後處罰以至懲辦作弊者，尚不足以解決問題。要杜絕弊竇，還須對考試的內容和形式作出規定，以防關節。八股文有一套嚴格的功令程式，破題、承題、起講、領題、前股、出題、中股、後股、束股、收結，章法極嚴。題目大小不等，難度不斷增加，怪題層出不窮，至有“顧鴻”、“趨虎”、“十尺湯”、“下襲水”等，讓人摸不著頭腦，但也就無法押題。全篇有字數限制，各段落亦有駢散和句數定規，乾隆四十七年，甚至

5　勞堪《憲章類編》卷二十二《各省鄉試》，萬曆六年刻本。
6　《清史稿》卷一百〇八《選舉志》，清史館編，中華書局 1977 年版。

"令考官預擬破、承、開講虛字,隨題紙發給士子遵用"。[7] 經義寫作在北宋初創時後幅必入實事,元代也明確規定"以己意結之",明初相沿不變。但明中葉每以此爲"關節","至萬曆中大結止"。[8] 清康乾時期曾有"複用大結之請",但終"以爲若用大結,未見有益,而弊實愈起,斷不可行,其議遂寢"。[9] 廢用大結,一方面是爲了禁止議論,鉗制思想,一方面也是力求八股程式的嚴密、規範,包含著深刻的"問題意識"和堵塞弊穴的用心。客觀地說,八股文一整套刻板的程式實在是走上了極端,長此以往必然使思想僵化,人才摧殘。但在中國封建社會制度日益腐朽,世風頹靡的歷史環境中,舞弊不公與僵化死板,兩害孰輕孰重是可見的。知其僵化死板卻取而用之,從科舉取士的角度來說,也是在比較中取其害稍輕而已。顧炎武說:"考試之弊,在乎求才之道不足,而防奸之法有餘",[10] 這是客觀的。

第二,力求使評卷標準化。考題標準,評卷公正,是考試制度本身發展的內在要求之一。歷代考試形式都各有其不足,清人江國霖云:"漢取士以制策,其弊也氾濫而不適於用;唐以詩賦,其弊也浮華而不歸於實;宋以論,其弊也膚淺而不根於理"(《制義叢話序》),說得絕對了點,但亦非無根之談。從技術角度看,宋人便有"詩賦聲病易考,而策論汗漫難知"之感。宋《貢舉令》規定賦限三百六十字,論限五百字,但一意逞才之士往往突破此限。宋孝宗時,洪邁曾言:"今經義、論、策一道有至三千言,賦一篇幾六百言,寸晷之下,惟務貪多,累牘連篇,何由精妙?宜俾得各遵體格,以返渾淳。"各遵體格的要求,一方面是爲了

---

7 《清史稿》卷一百〇八《選舉志》,清史館編,中華書局 1977 年版。
8 顧炎武《日知錄》卷十六《試文格式》,上海古籍出版社 1984 年影印本。
9 梁章鉅《制義叢話》卷一,道光二十三年刻本。
10 顧炎武《日知錄》卷十七《搜索》,上海古籍出版社 1984 年影印本。

改變文風，同時也可以在士子日盛，而卷軸如山的現實情況面前，使評閱試卷量減少而更能標準地，客觀地評判，較爲有效地改變閱卷者困於批閱，迫於日限，去取不能得當的窘迫狀況。

明清兩代，舉子更多，每年試卷山積，朝廷屢屢增加考試官和閱卷官仍難以應付。這也客觀上也要求考試形式以程式化體現標準性。就四書文的字數來說，明初限三百字以上，明中葉約五百字，明末約五百五十字。清順治二年規定每篇不得超過五百五十字，康熙二十年 "議五百五十字恐詞意不盡，若不限字數又相沿冗長，嗣後限六百五十字"。乾隆四十三年 "始定鄉試、會試兩試及學臣取士每篇俱以七百字爲率，違者不錄。" [11] 這一定式，至清末未易。嚴肅起見，清代定例各省鄉試揭曉後，須依程限將試卷送至禮部磨勘，延遲者問罪。起初由禮部派欽差大臣磨勘，然解額漸廣，試卷日多，於是令九卿共同磨勘。磨勘之例自乾隆二十四年變嚴，世或以 "魔王" 稱之。[12] 試卷如潮，先要批閱，複又磨勘，若非有程式化的嚴格規定，其繁複難以想像。

閱卷及磨勘都要有一個評價尺度，不僅在形式上可以衡量，在語言上也應可以把握。寫作八股文限用《朱子章句集注》正適應了這一要求。在明清統治者和儒學學者看來，朱子集注切合原意，流暢易懂，是當時典型的、標準的書面語。因此，限用《朱子章句集注》，學子以程文爲 "矩矱" 臨場作文，可以防止濫造生僻詞語，而考官和磨勘官也能以一種語言標準來衡校舉子的 "抉經之心，執聖之權"，評決舉子是否 "沉潛乎理訓，周悉乎世故，曲折乎文章。" 作文與衡文的語言有確定的依據，這不僅有利於防止語言上做關節的現象，也有利於用統一的標準公平地選拔人

---

11 梁章鉅《制義叢話》卷一，道光二十三年刻本。
12 陳康祺《郎潛紀聞初筆》卷十一，中華書局 1984 年版。

才。

第三，能測試出舉子的寫作能力和學養。八股文是一種兼采駢散，並包多藝，具有獨特體制的文學體裁，清焦循稱其"禦寬平而有奧思，處恒庸而生危論，于諸子為近。然諸子之說根于己，時文之意根於題，實於六藝九流詩賦之外別居一格"（《時文序》）。焦氏是深于經史之學的學者，又是極富性情的詩文作家，其"別居一格"是可信的。只是這種"別居一格"是否如他所認為的已可與唐詩、宋詞、元曲同樣可稱"一代之勝"（《易餘籥錄》），則大可斟酌。但可以相信，正因為"時文之意根于題"，作為一種命題性的論體文，用之於科舉考試，尚能夠測試舉子的寫作能力和治學修養。焦循之後，江國霖對制義文體和寫作特點的論述引人注意。其云：

> 制義者，指事類策，談理似論，取材如賦之博，持律如詩之嚴。要其取於心，注於手，出奇翻新境最無窮。心之所造有淺深，故言之所指有遠近；心之所蓄有多寡，故言之所含有廣狹，皆各如其所讀之書、之分而止。（《制義叢話序》）

江氏之論說明，這一文體本身對於作者來說是有表現多種文學藝術素養的天地的，能夠反映出作者的構思和寫作的能力以及先天之分、後天之學的情況。正因為如此，將其用之於科舉考試，作為衡量舉子的"尺規"，有一定的合理成分。這把"尺規"雖然往往只能作技術性的檢驗，但有時風格、個性也可能由此得到肯定。阮葵生《茶餘客話》記載了這樣一件事：

> 溧陽任香谷尚書典試江西，時題為"仕學優"二句。將寫草榜，尚書曰："諸卷文字固佳，但皆仕學套語，西江大省詎無遺派乎？"眾謝以力搜，無

　　有。一房官進曰：“敝房一卷，幾不可句讀，卻無
　　仕學套語。”亟取閱之，即拍案擊賞，定為榜首。
　　曰：“此真西江派。”揭曉則周力堂學健也。13

　　如果說周學健的錄取多少帶有偶然因素，那麼，許多鴻儒碩士由試八股而取士則較能說明問題。何焯曾舉明代于謙、王守仁為例，言其“功業赫赫昭人，雖三代大臣何以遠過，而其進身皆不出八比”，14 為八股文取士正名。汪廷珍於嘉慶初年先後任安徽和江西學政，他在所訂的《學約五則》中也極力為時文辯護，肯定“夫時文者，古文之一體，猶之碑誌、傳記、表疏、論序云耳”，並列舉清代前期著名人物云：“邃經學者莫如李文貞（光地），善為古文者莫如方侍郎（苞），工詩律者莫如王文簡（士禎），三公之於制藝，未嘗苟也。傳漢學者莫如惠學士（士奇），講宋學者莫如陸清獻（隴其）、蔡文勤（世遠），三公之於制藝，未嘗苟也。今之厭薄時文者，其經學、古文詞果能出諸公之上乎？”至於著名文人洪昇、沈德潛、袁枚、姚鼐、馮桂芬、李慈銘、吳汝綸、沈曾植無不是進士出身。尚可注意的是，有清一代一批社會下層士子以八股取士，跳過“龍門”，其中秦大士、姚文田、洪鈞、張騫、劉春霖等都屬寒門出身。15 八股文確實中國文學史各文類中文法最為繁瑣的一種，然而正因為如此，它具有了某種“精確度”，這種“精確度”在特定文化背景下，能夠實現評文、衡人、選才的功能，這使得八股文長期使用有了一定的社會基礎。

13 梁章鉅《制義叢話》卷一，道光二十三年刻本。
14 梁章鉅《制義叢話》卷一，道光二十三年刻本。
15 宋元強《清代的科目與競爭機制》，〔北京〕《中國社會科學》1993 年第 2 期。
　　該文有較詳細的資料，可參看。

三、建立了八股文化學術體系

　　八股文之所以能行之長遠，除了具有占統治地位的主流思想文化屬性和一定的社會基礎外，還有一個比較完備的學術體系作為支撐。這個學術體系包括兩個方面：一是對四書五經的內容的研究，一是對八股文寫作方法的研究。前者涉及八股文的內容，後者則關乎八股文內容的表現。

　　自南宋後期起，尊崇四書，代有闡釋訓解，但在學術上並未統一。明以制義取士，勢必要求推進和統一經義學術。永樂十二年，翰林院學士胡廣、侍講楊榮、金幼孜奉敕修《五經四書大全》，次年九月告成，明成祖親自制序，弁之卷首，命禮部刊賜天下。清四庫館臣評曰："二百餘年以此取士，一代之令甲在焉"。永樂十三年，胡廣等又受命編纂《四書大全》。此書凡三十六卷，初與《五經大全》並頒，然當時程式以《四書義》為重，故《五經》率皆庋閣，所研究和辨訂者惟《四書》。後來《四書》講章浩如煙海，皆濫觴於此書。在胡廣等奉敕撰《五經四書大全》的同時，還奉敕撰成《性理大全》，凡七十卷，廣採宋元以來性理學說於一帙，成祖亦禦制序文頒佈。以上三書為永樂所訂之"三大全"。這些理學巨制，借帝王尊崇，應科舉之需而成，弊端誠為四庫館臣所言：其書"見有明儒者之經學，其初不敢放軼者，由於此；其後不免固陋者，亦由於此。"但是，應當承認這些著作，繼承理學文化遺產，薈萃眾說，明代士子為應科目而無不誦習，在客觀上也有推進學術的作用，故柳詒徵《中國文化史》中稱"三大全""尤為造成一代學術思想之根柢"（第二十五章）。當然，學術要發展，則不能定於一尊。事實上，朱子哲學體系其後不久就受到了挑戰。王陽明的"心學"對傳統儒學注入了新的內容，王艮的"立本"學說，李贄對道統的批判，都別開生面。即使是對《四書》、《五經》的文本闡釋，明代中後期仍然多有面世，如高拱的《問辨錄》、陳士元的《論語類考》、《孟子雜記》、趙南星的《學庸正說》、劉宗周的《論語學案》、章世純的《四書留書》都有較大影響。其中有些作者本身就是以制義而成名家者，故闡釋經義，能別具深心，標舉精義。

　　明末清初，宋儒理學受到了極大的衝擊。入清後學者們倡實學，興考據，學風一變，流派紛呈。但是儒學一統的局面始終未易，朱子理學仍然佔有官學地位。正因為如此，不僅黃宗羲、王夫之這些清初大儒多有著述，[16] 其後朝野上下，學校書院，眾多學者都紛紛治經立說。清前期陸隴其的《四書講義困勉錄》、《松陽講義》、喇沙裏等的《日講四書講義》、孫逢其的《四書近指》、胡渭的《大學翼真》、李光地的《榕村四書說》、閻若璩的《四書釋地》、焦袁熹的《此木軒四書說》、江永的《鄉黨圖考》以及毛奇齡一系列指瑕摘疵的論述，皆不拘舊說，或論或考，辨析歧疑，自抒所見，成一時名著。這些著作對研究儒學，推進學術之功實不可泯，對於"欲其即聖賢之言，引而歸之身心，不徒視為幹祿之具"（《松陽講義原序》）的芸芸舉子來說，無疑具有學術和應用兩方面的價值。江永《鄉黨圖考》刊行不久，有士子偶然先獲之一讀，恰在應考中遇到出《論語·鄉黨》義題，即採用了書中的許多論點，而考官尚未讀江永之著，便對這份考卷大加讚賞。當時這些著述在科舉中的影響也由此可見一斑。

　　八股文化學術體系的另一個重要的方面是寫作方法的研究。

---

16 船山僅有關《四書》的著述即有《四書訓義》、《四書授義》、《四書箋解》、《讀四書大全說》、《四書稗疏》、《四書考異》等多種。

宋元兩代已有一系列研究時文寫作方法的著作，而且其探討已經深入到時文結構的各個局部。明清兩代制義程式越來越瑣細，要求越來越苛切，成爲歷代文體中最難的一種。正如杭世駿《制義宗經敍》所說：“制義特文之一端，而吾以在諸體中，立言最難，而深造政不易。抉經之心，執聖之權，非沉潛於理訓，周悉乎世故，曲折乎文章之利病，童而習之，有白首不能涉其津岸者矣；才辨鋒起，切而按之，有畢世不能通其條貫者矣。何也？能文之士多，而見道之士少也。”對於制義的語言表達，向以“清通中式”爲法則。然而，“本色文字，句句有實理實事，這樣文字不容易，必須多讀書，又用過水磨功夫方能到，非空疏淺易之謂也”（李光地《榕村語錄》）。但是在迷信科舉、迷信八股的氛圍中，真正爲了使思想“見道”，文字“清通”而肯下“水磨功夫”的舉子只有一小部分，更多舉子無非以此爲敲門磚、弋獵之具，欲走快捷方式，多存僥倖。因此，各類寫作方法的“新科利器”便應運而生了。這類書籍可分爲兩大類：一類是範文，一類是寫作技巧。

　　八股文的範文主要以選本、稿本的形式出現。據顧炎武《日知錄·十八房》所述，明代坊間選本有程墨、房稿、行卷、社稿四種。程墨爲鄉、會試主考、房考擬作，或從已中式舉子中選出的佳作；房稿爲十八房進士之作；行卷爲舉人本房之作；社稿爲諸生會課之作，亦有名士集社的雅制，如夏允彝、陳子龍等的《幾社會義七集》之刻，以及《雅似堂》、《東華集》等。稿本似初始於明永樂間于謙，成化間王鏊制義爾雅卓然，其《守溪文稿》最爲風行。嘉靖間，唐順之、歸有光號爲時文大家，文稿也甚得時譽。隨著明後期學術重心下移，“文章之權始在下”[17]的傾向出

---

17 徐世溥《同人合編序》，《明文海》卷三一三，中華書局影印本。

現後，民間操持選政者更大量推行各色社稿，大有與程墨爭鋒之勢。

至清代坊刻冒濫，完全成爲乘時射利之具。從順治、康熙朝始，皆曾懸以禁令，但未見奏效。乾隆初命方苞選定一編，作爲欽定範式。方氏以時文發展變化爲依據，以化治、正嘉、隆萬、啓禎、清初各裁一編，用傳統的評點方法，每篇皆加圈點，細批旁注，並抉其精要，於篇末概括總評。此書系繼俞長城《可儀堂一百二十名家制義》後的一部規模更鉅的制義精選本，因諭旨天下奉行，影響更大。其後私刻選本、稿本汗牛充棟，質量參差，但大都沿用《欽定四書文》體例編纂，不僅以佳作示範，而且加以圈點評析，對於指導時文寫作來說，不乏精彩的見識。

另一類專門研究時文具體寫作方法的著作，對八股文化的形成也起了重要的作用。這類書籍甚多，雖然有不少陋濫之作，但其中亦有確具寫作經驗和理論品位者。有不少論著都間有焯見。如路德《時藝核》論時文之“僞”云：“‘僞’者，或貌合神離，或語多意少，或外強中乾，或有理無法，或有筆無墨，或有色無香，或有音無韻，凡若此者，皆僞也，非剽竊所得即倚傍而成也。”應該說，這類評論已涉及到作品的審美層次。綜合路氏的《時藝課》、《時藝辨》、《時藝話》、《時藝綜》各編，其論題論法，句析字解，今天從寫作理論視角來看，也仍具有一定的參考價值。當然這類書往往求面面俱到，以迎合士子之需。舉蘇春帆《四書大小題輯解》爲例，其總論即有：讀書說、訓蒙說、講義作文、讀法、作法、相題、佈局、立意、用筆、措詞、出落、對仗。題型分析則有：論理性題、論學問題、論政事題、論虛窘題、論枯寂題、論論述題、論比喻題、論排句題、論長題、論搭題、論割截題、論連章題。時而大帽子下只有片言隻語，雖偶見精妙，但整體鋪衍，平庸膚廓。儘管如此，自明代中後期至清末幾百年間，這類著作卻有著極大的市場。而這種市場，正成爲一代代士子的應試支撐。它不僅僅提供了一種操作工具，一種琢磨好了的敲門磚，而且形成了一種文化環境。如果我們把經文訓解、釋義、考據方面的論述看成是八股文化中具有較高層次的學術成果的話，這些“新科利器”卻複雜得多，且大多數屬於低層次的，甚至有的純屬“文化垃圾”。但正是這些不同層次、良莠相摻的著述，形成了一個巨大而龐雜的、具有很強的應用性和強大吸引力的八股文化體系。當我們追溯八股文兩朝傳承，五百餘年沿用而未能改易的原因時，對這一文化體系實在不可忽視。

八股文衰亡的社會和文體原因

一、八股文衰亡的社會背景

　　梁章鉅對八股文在明代的發展曾作過一個譬喻："制義始于宋而盛於明。自洪永以逮天崇，三百年中體凡屢變，亦猶唐詩之分初盛中晚也"（《制義叢話例言》）。套用唐詩比附，對這一文體的價值祈向當否暫且不論，但其升降嬗變過程也大致如是了。自崇禎至清季確乎都屬於"晚八股"時期。乾隆三年（一七三八），兵部侍郎舒赫德特上《議時文取士疏》，言以時文"不足以得人"，奏請改科舉、廢八股。但是，處於清前期，改廢科舉的歷史條件還不具備，一切披肝瀝膽、深刻敏銳的見識都只能暫時付諸高閣。當時鄂爾泰以大學士輔政，力主維護舊制，即命禮部議覆云："時藝取士，自明至今，殆四百年，人知其弊而守之不變者，誠以變之而未有良法美意"，則不如不變。[1] 頑固守舊的立場顯而易見，八股文也因此僵而不死。那麼，百年之後何以徹底退出歷史舞臺的呢？這其中具有深刻的時代和社會原因。

　　（一）啓蒙思潮使八股文失去文化寵兒的地位。在文化啓蒙思潮中人們真正認識到謭陋空疏的經術遠不能"濟時難"、"挽國勢"，士人越來越深惡空疏學術而務經世之道。啓蒙思想的旗幟由龔自珍、魏源等思想家已經舉起，而當馮桂芬、王韜、鄭觀應等一批新學家在西學東漸的背景下應運而生之時，一種新的文

---

1 《經世文編》卷五十七《禮政》四。

化氣象出現了。這種文化氣象是經世濟民之術、維新改良之法、圖強求富之道形成的氣候，而對不切實際、空疏無用的八股文自然難以包容，必以新思想的大潮沖滌之。

（二）理學的地位受到挑戰，八股文的精神基座動搖。總的來說，明清兩代程朱理學被統治者尊崇備至，但繼晚明張揚個性的思潮之後，理學的權威性就不斷受到懷疑，入清後批判之聲此起彼伏，從對"先儒誤傳"的質問，漸而到激進者宣稱"四書無一不錯……然且日讀四書，日讀四書注，而就其文作八比，又無一不錯！"2 如果說清前期或中期尚有學者以為"六經雖讀不全信"（袁枚）的話，至清季這種懷疑更為加強，儒教聖學的神聖地位已然動搖，當一批先進志士仁人朗聲質問"古而可好，則何必為今之人哉"時，3 八股文存在的精神基礎已顯然被撼動了。

（三）教育體制潛在的轉變，使八股取士難以號令天下。在近代中華民族面臨空前的危機的時候，一批具有承擔精神和改革勇氣的文化人開始對教育制度和選士機制表示質疑，改革學校和科舉的聲音越來越響亮。當一八六二年北京同文館開設，延請英教士包爾騰為教習，教授英文時，已意味著一種新的教育生態環境可能出現了。其後幾乎每一年都有新的學館、學堂、學校在全國各地開辦，類別包括語言、工程、通訊、醫學、軍事等許多方面，人才的培養和選拔已不限於一途，相形之下，以八股文為內容的舊教育和以八股取士的舊機制就顯出"妨礙學堂，妨礙人才"的嚴重弊端了。

（四）封建制度傾覆，八股人才的腐敗性凸現。從明末開始，八股文化已瀰漫著晚景的衰颯之氣，對其抨擊也逐漸強烈。明代

---

2 毛奇齡《四書改錯》卷一。
3 譚嗣同《仁學》卷上。

末年有人作詩直歎："斷送江山八股文"。明亡後還有人寫一束
帖於朝堂："謹具大明江山一座，崇禎夫婦兩口，奉由贄敬。晚
生八股頓首拜"。[4] 可見當亡國之時，世人視八股爲害咎，有著切
膚之痛。清初醫學家徐大椿，號回溪，除《徐靈胎醫書六種》外，
還著有《回溪道情》，其中有《刺時文》一首云："讀書人，最不
濟。爛時文，爛如泥。國家本爲求才計，誰知道變作了欺人技。
三句承題，兩句破題，便道是聖門高第。可知道三通四史是何等
文章，漢祖唐宗是哪一朝皇帝。案頭放著高頭講章，店裏賣新科
利器。讀得來肩臂高低，口角噓唏。甘蔗渣嚼了又嚼，有何滋味。
辜負光陰，白白昏迷一世。就教他騙得高官，也是百姓朝廷的晦
氣。"一副調侃嘲弄的口氣，把八股文人的情狀演繹得淋漓盡致。
王夫之也曾對八股士子作過素描："皆束書不觀，無可見長，則
以撮弄字句爲巧，嬌吟蹇吃，恥笑俱忘"（《夕堂永日緒論外編》）。
稍後顧炎武對八股文進行了更爲激烈的筆伐。《日知錄·擬題》云：
"愚以爲八股之害等於焚書，而敗壞人材有甚於咸陽之郊所坑，
但四百六十餘人也。"總之封建社會大廈的傾覆雖然究其根本乃
制度問題，但那些在這一制度中"每獲濫竽充選"（《清德宗實
錄》）是決難免痛詆的。

　　（五）世運艱難迫使清統治者與時通變，廢除八股。"吾國
四千餘年大夢之喚醒，實自甲午戰敗、割臺灣、償二百兆以後始
也。"[5] 西方列強的堅船利炮轟毀了國家防線時，世人也爲之震
醒。在民族災難中，一種從未有過的憂患意識使人們上下求索，
古今反思。這種反思孕育出一大批舊時代的掘墓人，如康有爲、
梁啓超、譚嗣同、嚴復、夏曾佑等，而當他們揭竿而起的時候，

4 呂留良《倀倀集》卷三《真進士歌》。
5 梁啓超《戊戌政變記》。

便天下呼應了。這時八股文賴以生存的思想文化基礎和社會支持體系已完全瓦解，一九〇六年清廷終於徹底廢止八股文，宣佈這一文體走完了它的全部歷程。

二、八股文衰亡的文體因素

在扮演了五百餘年第一入世文體的角色後永行停止，將由適應新教育體制與方式的新文體取而代之，這是社會和時代發展變革使然，也是新舊文化轉型的歷史必然。這一點毫無疑義。值得思考的是它此前屢受痛詆，搖搖欲墜，此後永劫不復，幾乎全然喪失了作為一種古典格律化文體應有的餘韻，落得在文學史的祧殿中幾無牌位的歷史命運。對此，我們除了分析其社會原因外，還應當探討八股文衰陵消亡的某種內在必然。在分析之前，我們從明清兩代選取王鏊、方苞、龔自珍這三位頗著時文盛名的作家，簡述一下他們對八股文的看法。

王鏊以成化十一年（一四七五）會試第一而名揚天下，是明代最著名的時文家之一。在弘治年間任侍讀學士，正德年間任戶部尚書文淵閣大學士時屢掌主考官，學有鑒識，對時文有較清醒的認識。他既認為科舉取士，以時文經義可以“觀其窮理之學”，輔之以論表“觀其博古之學”，策問“觀其時務之學”，此為“良法”。但化治以降，學風衰變。“古之通經者，通其義也；今也，割裂裝綴，穿鑿支離，以希合主司之求。窮年畢力，莫有底止，偶得科目，棄之如弁髦，始欲從事於學，精力竭矣，不復能有進矣。人才之不如古，其實由此也”（《皇明泳化類編》卷五十八《殿試》）。

清初方苞為古文巨擘，然少時即以時文名天下，對時文的發展嬗變有精到的見解。他認為有明一代，正嘉之際能以古文為時文，融匯經史，使題之義蘊隱顯曲暢，稱為極盛。隆萬間兼講機法，務為靈變，雖巧密有加，而氣體荼然。明八股以時而論，其不足取者有四：（一）直寫傳注，寥寥數語，及對比改換字面而意義無別。（二）規模雖具，精義無存；剽竊先儒語錄，膚廓平衍。（三）專事凌駕，輕剿促隘，雖有機趣，而按之無實理真趣。（四）緬棄規矩，以為新奇；剽剝經子，以為古奧；雕琢字句，以為工雅（《欽定四書文凡例》）。

　　龔自珍早年立志於舉業，認為八股文具有勘比賢愚，選優拔萃的功效，甚至有云：“一代功令開，一代人才起”。[6]其時用心揣摩，研習寫作，得到過名家指點，選成兩千餘篇八股文，為時人推許。嘉慶二十三年（一八一八）應浙江鄉試，考官王引之激賞其文：“規鍥六籍，籠罩百家，入之寂而出之沸。科舉文有此，海內睹祥麟威鳳矣”。[7]道光九年（一八二九），因殿試“楷法不中程，不列優等”而失去了身入翰林的希望，促使他轉向了對社會現實的思考，逐步形成經世致用的思想，並認識到科場之文“萬喙相因，詞可獵而取，貌可擬而肖”（《與人箋》），且“剽掠脫誤，模擬顛倒”，其結果八股文使“天下之子弟，心術壞而義理錮”（《述思古子議》），成為早耗於“無用之學”、“祿利之筌蹄”的名利之徒（《對策》）。因而提出“改功令而收真才”（《與人箋》）。

　　王鏊、方苞、龔自珍對八股文的否定都集中在寫作方法和學風問題上，在一定程度上也觸及到了這一文體形式本身的痼疾。作為明中葉到清中葉的有識之士，這是他們能夠達到也只能達到的限度。明清兩代人討論八股文危害，都認為是由特殊文體形式

---

6 龔自珍《自春徂秋偶有所觸，拉雜書之，漫不詮次，得十五首》。
7 吳昌綬《定庵先生年譜》。

導致的。乾隆三年鄂爾泰命禮部議覆《議時文取士疏》所謂科舉之法每代不同而莫不有弊，其實正是對"形式有害論"的簡單否定。然而僅就形式而論的話，仍不能說明八股文之所以病入膏肓。應當看到，八股文的痼疾首先在於嚴格的內容要求，其次才是爲表達特定內容服務的苛刻的形式限制。

八股文在內容上沿襲了經義的原則，著重講解經書中孔孟哲學的道理，而且要"入口氣"，代聖賢立言。對於儒學經典又指定以《四書》、《五經》和朱熹的《集注》爲依據，不得採用其他學說。誠然朱子哲學是中國封建社會鼎盛時期儒學的集大成，其道德性命學說形成了完整的體系，成爲統治階級的思想基礎，有重大的理論價值和歷史意義。然而一種文體將其表現的內容加以嚴格限定來強制恪守，不能超越雷池，必然會限制思想，扼制理性思維的活力，抹殺心源的光輝，最終導致心理枯寂、思想僵化。"重道"而"卑器"，正體現在八股文的寫作中。梁章鉅《制義叢話例言》云：

> 自元代定制，科舉文以四子書命題，以朱子《章句集注》爲宗，相沿至今。遂以背朱者爲不適合。然聖賢之義蘊日繹之而不窮，文人之心思亦日瀹之而不竭。其有與《章句集注》兩歧，而轉與古注相符、與古書有證者，亦未嘗不可相輔而行。

梁氏云"聖賢之義蘊日繹之而不窮，文人之心思亦日瀹之而不竭"，這實在是有美化的意味。他所說的"其有與《章句集注》兩歧，而轉與古注相符、與古書有證者，亦未嘗不可相輔而行"，是大可懷疑的。除部分地理、名物、訓詁的成果可適當採用外，屬於理論方面的，都無非是利用了朱子學說自身體系的複雜和部分理念的矛盾而已。況且這種立異求新的企圖一般也多體現在書

院課藝、塾課或自習文中，真正在舉足輕重的鄉試、會試時，冒
險者總是極少的。梁氏《制義叢話》卷十三記載，道光甲午鄉試，
首題《執圭鞠躬如也一節》，有一卷薈萃眾說，生面獨開，而闈中
以與朱注不合，又不知其所據何書，將其擯落。這一事例其實正
說明大考也是以朱子章句注爲衡文準繩的。整個明清時代，哲學
領域呈現出生機和張力，其中有沿著正統理學思想加以改造而發
展的，有在性理之外自立"異端"的，更有在西學東漸影響和近
代社會危機背景下產生的具有新思想光輝的學說。哲學隨"萬物
皆流"而變，因此獲得了活力。而八股文在五百多年內卻固守著
一種哲理，一家學說，導致"陳文相積，剿說相仍，而真意漸汩"
8 的局面就是必然的了。在中國文學史上出現過許多文體，就散文
來說也代有新變。雖然不同的文體對內容都有相對的適宜性，但
是文學史的發展表明，越是涵融寬廣的文體，越具有生動的景象
和持久的活力，而越是內容自我局限的文體，越易衰萎。對比一
下桐城古文，未嘗沒有產生過廣泛的影響，但卻固封在"本經術
而倚於事物之理"的義法中不變。時代的激流卷不起桐城古文的
波瀾，最終便把它淹沒在"桐城謬種"的激烈詆斥中。確立義法，
有助於建立文體的文化格調，而對義法限制過分，又恰恰套上了
自我扼殺的繩索，使文體失去應有的文化品格。八股文首當其衝
受痛詆而終究被拋棄，這一原因不可不重視。

　　其實客觀地考察八股文發展的全過程，明清兩代並不乏佳
制，既有出自王鏊、唐順之、歸有光、胡有信、薛應旂、俞長城、
方苞、梁章鉅這些散文大家的名作，也包括徐渭、湯顯祖、錢謙
益、尤侗等以詩歌、戲曲等名世的作家的創作，而後者往往更不
同凡俗。在尤侗的《西堂全集》中錄有《怎當他臨去秋波那一轉》

---

8 薛福成《治平六策》,《經世文續編》卷十二。

時文，全篇題出《西廂記》第一折的戲曲語，作者借題發揮，抒寫情愛，文詞優美，才情橫溢。據說康熙帝看到過這篇奇文，居然十分欣賞，尤氏後來得做京官與此文或有關係。以《西廂記》爲題的八股文在清代並不止尤西堂這一篇，民間尚有專門抄本流傳，今猶可見。[9] 可以推想，其他內容的八股文在民間一定也有創作，只是因爲這類文章總被認爲是"遊戲之作"，且與"思無邪"的科舉之旨相背，因此不可能廣泛流傳。然而正是這些，才是具有"情性之風標，神明之律呂"的真正的文學作品。語言或思維，都不可能形成一個特殊的自我王國，只能是現實生活的表現，文學作品更應該著重表現現實生活中人的情感。當"情"被嚴重扼殺之後，損害的不僅是其美感，也連同了它的文學價值。回溯八股文的發展史，我們不僅爲康熙三年科舉廢止八股，卻終究未能實現而惋惜。也許這次廢止將給八股文走出貌似高崇的"十八房"帶來契機，從而進入民間，進入生活，彙入生活，彙入文學藝術的海洋。只不過歷史不能假設。從禮部侍郎黃機疏請，不久命復舊制後，八股文便被重新送上了歷史的祭壇。

　　八股文的文格，在中國文學史上各種散文和韻文文體中是最爲繁瑣、苛刻的。清人李光鼎在《補學軒制藝序》中說："（八股文）數百年來，標新立異，總不離乎蓬艾之間。蓋模口氣，禁證喻，去大結，其法愈工，其品愈下。"這裏只指出了問題的一部分。清代許多學者嚴辭剀切地譴責過八股文的文題。明清八股文題目絕大部分都限於《四書》，行之既久，各章、各節、各句幾乎無不習見，互相蹈襲自然在所難免。這就勢必要想方設法避熟

---

9 未經目。此據啓功《說八股》。啓功先生云："我藏有一冊抄本，全是《西廂記》句子爲題的。"《說八股》載《北京師範大學學報》（社會科學）一九九一年第三期，又收入中華書局一九九四年版《說八股》。

就生，花樣翻新。因而割裂變化，繁簡紛歧，甚至以出難題、怪題爲能事。故雖然總的題類只有大題（鄉試、會試用，或章或段或句，較爲整齊）與小題（小考用主要以詞語爲單位出現）之分，但題型卻相當繁瑣。僅題名就有連章題、全章題、數節題、一節題、數句題、單句題、兩扇三四五扇題；截上題、截下題、截上下題、承上題、冒下題、承上冒下題、半面題、上全下偏題、上下俱偏題。其中小題截搭又分長搭、短搭、有情搭、無情搭、隔章搭諸體，不勝纖佻瑣碎。

　　與繁複的題型相聯繫，有一整套對應的十分苛嚴的寫作規範，尤以小題拘牽最多，稍稍疏忽，就可能觸“題忌”，如截上承下題意思連上，截下冒下題意思貫下，都會被判爲“犯忌”。逢截搭題，則無論屬於何種截搭法，皆須用釣、渡、挽的特殊手法應題，還上落下，掩映關合，稍有不當，則弄巧成拙。[10]

　　如此繁雜瑣屑的格式、規則，是適應經義內容的表達需要而“定制”出來的。這種過於成熟而封閉自足的文體，使寫作變成了純技術性的操作。在這種形式中，作者不僅是“戴著鐐銬”，而且全身上下都被緊緊地枷鎖住。思維的空間喪失了，藝術創造的活力被極度地壓抑。嚴復曾指出八股文有“錮智慧”之害（《近代中國八十年》），所謂“錮智慧”，一方面指思想、知性被壓制、扼殺，一方面指作者的創造性被封鎖、禁錮，由此必然帶來學風和學術的敗壞。陸隴其曾指出：“先輩作文，必擇明白正大之題，雖虛縮亦不屑爲，以聖賢精義不在此也。至所謂搭題，則又虛縮不同矣。虛縮題雖非精義所在，然猶是聖賢口氣，可以漸求其精義。若搭題，則並非聖賢口氣矣。語勢各不相蒙，強而合之以爲題，於是作者不得不穿鑿附會以成文，其有害于人心學術不小”。

---

10 參商衍鎏《清代科舉考試述錄》，三聯書店一九五八年版。

[11] 比穿鑿附會更甚的是憑空而言。如蘇春帆《四書大小題輯解》卷上對《有子曰》一題便作如是說：“枯題也，須無中生有”。也許在眾多題目中此題尚非最枯、最難，可以想見“無中生有”作爲一種方法該是有很強的應用性的。

越是滯固僵化、缺乏個性和創造性的形式越可以“模仿製作、批量生產”，而這正是滋生模擬剽竊學風的絕好溫床。連認爲時文取士有得人之效的汪廷珍也對當時學風嚴辭批評。他曾經記述主持江西童試所見：“童生中多有文理頗順，問以四書白文，不能記憶；五經、三傳，竟未識面。又有十一、二歲童子，五經尚未開卷，而試牘闈墨，成誦已多”（《學約五則》）。顧炎武則更痛心疾首地指出這種不良學風及其危害：“明代科場之病，莫甚乎擬題。且以經文言之：初場試所習本經義四道而本經之中場屋可出之題者不過數十。富家巨族延請名士，館于家塾，將此數十題各撰一篇，計篇酬價，令其弟子及僮奴俊慧者記誦熟習，命題十符八九，即以所記之文抄謄上卷，較之風簷結構難易迥殊，四書亦然。發榜之後，此曹便爲貴人，年少貌美者，多得館選，天下靡然從風，而本經亦可以不讀矣。……昔人所需十年而成者，以一年畢之。成於剿襲，得於假倩，卒而問其所讀之經，有茫然不知爲何書者”（《日知錄·擬題》）。[12] 顧炎武由此而痛感：八股之害，等於焚書；而敗壞人才，更甚於坑儒。

三、關於八股文的餘論

“八股盛而六經微，十八房興而二十一史衰”，八股文造成

---

11 梁章鉅《制義叢話》卷一引。
12 顧炎武《日知錄》卷十六《擬題》。

的這種對文化和人才的摧殘，實在是洪武帝當年開科時所無法預料到的。洪武帝在明代大鼎初定時求賢若渴，頒詔求賢的標準是"經明、修行、文質"。他所希冀的是"以德行爲本，文藝次之，庶幾天下學者知所向方，士習歸於務本"。[13] 在特定的歷史階段中，統治者的這種提倡是理性的，有利於鞏固其統治基礎。但五百多年的實踐證明，正是以制義（八股文）爲核心的科舉制度，在相當程度上對學術文化產生了極大的負面影響，而這種負面影響甚至危及到政權的統治。這是歷史的悖論，又是歷史的必然。

然而，很有意思的是，在八股文廢除之後的十多年時間，人們也許不屑於打"死老虎"，對八股文的批評的聲音甚微。五四新文化運動開始以後，一些文化先驅者大力提倡白話文運動，以迅速拆除封建主義精神大廈的語言文化構件，將封建遺老和整個精神貴族從幾千年構築成的文化大廈中驅逐出去。白話文運動以蕩滌古文言爲目的，因此，時文（制義、八股）與古文一概被視爲"死文學"，而時文自然被視爲其中最僵死者。值得注意的是，隨著新文化運動的發展，在對八股文的攻伐之聲中竟也出現了一些"頌聲"。蔡元培一方面批評八股文有使人材盡趨於利祿之途的弊害，同時也指出，八股"由簡而繁，確是一種學文的方法"。[14] 惲代英在一九二三年發表於《中國青年》第八期上的《八股》認爲，八股文誠然是"敲門磚"，但如果從文章的唯美角度看，那八股文便也有他美的地方。做這種文章的人，有時候也能在這種死板的格式中間，很自由、很富麗地發表他的意見。周作人在一九三〇年五月發表的《論八股文》一文更進一步提出大學裏應

13　《憲章類編》卷二十二。
14　蔡元培《新教育與舊教育的歧點》，高叔平《蔡元培教育論集》，湖南教育出版社一九八七年版。

該講八股，至少北京大學應該講。為什麼要大講八股呢？"因為八股是中國文學史上承先啓後的一個大關鍵，假如想要研究或瞭解本國文學而不先明白八股文這東西，結果將一無所得，既不能通舊傳統之極致，亦遂不能知新的反動的起源。"他甚至說八股文"它永遠是中國文學——不，簡直可以大膽一點說中國文化的結晶，無論現在有沒有人承認這個事實，這總是不可遮掩的明白的事實。"15 錢基博在《明代文學》中也列出專節論述八股文，產生了一定的影響。16 但由於後來對八股文的批評被文化旗手和政治領袖置於政治鬥爭的背景中，定性為形式主義、教條主義的符號和舊文化的象徵，毒害中華民族的痼疾，因而在二十世紀中葉和下半葉人們對此很少再予以評說，八股研究幾乎"已成為絕學，沒人肯講，甚至沒人能講"。17

　　八股文的評論和研究沉寂了近半個世紀，到九十年代初啓功先生發表了《說八股》再開風氣，全文在一九九一年第三期《北京師範大學學報》上刊載。該論文比較全面地介紹了八股文的文體結構、寫作技巧、發展源流等問題，在人們對八股文知識相當陌生的上世紀九十年代初，這篇論文兼有研究和普及的雙重意義，產生了很大影響。其實在今天看來，這篇論文更重要的意義在於，當一個學術領域還處於冰封狀態的時候，它以知識譜系式的面貌，揭示了這一領域的精深與博大，並以成功的實踐，證明瞭將八股文作為文學和文化現象進行研究是人文研究者必須冷靜地、科學地面對的課題之一。一九九四年七月，啓功先生的文章與張中行、金克木兩位老一輩學者的《〈說八股〉補微》、《八股新

---

15 周作人《中國新文學的源流》，華東師範大學出版社一九九五年版。
16 錢基博《明代文學》，臺灣商務印書館 1984 年再版，其中有《論八股文》專節。
17 啓功、張中行、金克木《說八股》，中華書局一九九四年版，第七十三頁。

論》合爲一書，仍題爲《說八股》由中華書局出版，使八股文的研究在更廣泛的領域重新引起了人們的注意。今天我們應當看到的是，八股文非魔非道、亦魔亦道。它是中國文化史上的一個特殊現象，是近世對中國士人生存狀態和民族人文生態影響最大的一種文體。作爲一筆豐厚的文化遺產，實在是不容得我們不加重視的。

以全部生命力量來懺悔：
再論錢謙益其人

一

　　中國詩歌史發展到清代並沒有成爲衰周弱魯，而從開國伊始
就展示出宏闊的氣象，甚至像江左三大家、嶺南三大家和國朝六
家這清初連綿輝映的幾座詩學峻極，令有清一代作者高山仰止，
難以跨越，其中錢謙益更居於巔峰　，雄視詩壇。與當時一些傑出
的詩人相比，錢謙益不僅在詩歌創作上有突出的成就，而且在詩
學理論上有大量的論述。他一反明代詩壇法唐而贋，擬古成風，
力倡唐宋並宗，大力導入宋代詩風，求新創變，融鑄異質，從而
初步形成了宏衍寬大的詩壇格局，這就有力地奠定了他在清代詩
歌史上的開山地位。

　　但是在由明入清的作家中，錢謙益是一個比較複雜的人物。
他是傳統道德的維護者，但又薰染了晚明文人縱誕的習氣；他是
一個崇尙風骨氣節的東林黨魁，卻又患得患失，進退失據，引起
多少質疑；他內心深處契厚清流，心儀佛乘，卻又熱衷世務，並
屢屢捲入政治漩渦；他入清後長期從事抗清復明的活動，但又未
必能稱之爲明代的忠臣孝子。可以說錢謙益是明清鼎革之際集士
大夫和遺民多重特點的一個典型的複雜人物。然而也正因其複雜
難辨，長期以來在文學史上他或者相當受忽視，或者被執於一端

嚴重誤讀。如謝國楨先生在《明末清初的學風》中，[1] 對明清之際的詩歌評論道：“那時候的詩歌，大約可分爲兩派：一派是崇尙詞藻排偶，富麗堂皇，以錢謙益、吳偉業等爲其眉目。另一派是氣勢豪放或質樸無文，直抒胸懷，以閻爾梅、吳嘉紀、杜濬等爲其代表作家。前一派，如吳偉業的歌行，雖然一唱三歎，含有無限興亡之感，可是婹阿而無生氣，終於屬於投降清朝的一派；至於後一派有時過於質樸無文，流於粗放，但可以看出詩人的性格，而保存了堅貞不屈的民族氣節。”這裏“婹阿而無生氣”詩的代表，雖然被直接點名的是吳偉業，但既然被劃歸爲同類，錢謙益自然也“終究屬於投降清朝的一派”了。由此上溯，可以發現這一類批評由來有自，如乾隆《題初學集》詩云：“平生談節義，兩姓事君王。進退都無據，文章哪有光。真堪覆酒甕，屢見詠香囊。末路逃禪去，原爲孟八郎。”趙翼《甌北詩話》卷九云：“其人已無足觀，詩亦奉禁，固不必論也。”朱僅《竹林答問》云：“錢牧齋《有學集》可以不作，固知居心不淨，必無好詩。”朱庭珍《筱園詩話》云：“一代鉅手，以人累詩，惜哉！”自二十世紀八十年代末、九十年代初一系列有關論文發表，對錢謙益的批評逐漸趨於理性，但總的看來對他評價的分歧仍然很大。客觀地回溯一下，近三百年中不少學者對錢謙益詩歌的評論都是和其人的生平大節聯繫在一起的，因此要使錢謙益在文學發展史上的作用和地位得以正確認識，還必須用“知人論世”的基本方法重新審視其人其事。

---

1 謝國楨《明末清初的學風》原載《四川大學學報》1963 年第 2 期，收入《明末清初的學風》一書，人民出版社 1982 年 6 月出版。所引見第 45 頁。

二

在明清之際，錢謙益生平失節之愆有二：一是南明弘光朝屈志降節，迎附閹黨殘餘馬士英、阮大鋮；二是順治二年（一六四五）豫親王多鐸定江南時，進退失據，首簽降表。應該說這兩件事本身都是不爭的事實。對於降清一節，謙益受訾最多，然而歷來敬重牧齋者也不辭辯護之責，作出過許多解釋，如金鶴沖《錢牧齋年譜》說：“先生當危亡之際，將留身以有待，出奇以制勝。”張鴻《錢牧齋先生年譜序》說：“先生委曲求全，亦止盡其心而不使復仇之機自我而絕而已，成敗生死，置之度外，何論榮辱乎？”這些都不無左袒之意，但袒護得尚有分寸。今人亦有論及此事者，如劉世南先生在《清詩流派史》中說他之所以迎降是“決定打入敵人內部，然後有所作爲，如趙高自腐以亡秦。”[2] 這種說法總讓人有愛之過甚，以及其齮的感覺，難以接受和認同。

那麼，一個問題突出地擺在我們面前：相當富於智慧和理性，曾是東林渠魁的錢謙益當時到底爲什麼會簽署降表，受職於新朝呢？回答這一問題既要考慮到牧齋自身的原因，同時要考慮到當時的歷史背景。

關於個人原因，前人和當今一些學者指出兩點：一是有“台輔之望”，“爲了升官入閣”，“對功名富貴看得很重”，[3] 二是

---

2 劉世南《清詩流派史》第四章《虞山詩派》第 74 頁，臺灣文津出版社印行，1995 年 11 月初版。

3 見趙永紀《清初詩歌》第三章《江左三大家·錢謙益》，光明日報出版社 1993 年 5 月出版，第 98 頁。這一觀點清初學者已多論及，如沈德潛《國朝詩別裁集》卷一：“牧齋不死，一以明史自任，一以受溫體仁攻訐，未得相位爲恨，佐命新朝，庶展抱負也。”

性格"遲疑怯懦","迫於多鐸之兵威。"[4]對於熱衷功名和性格怯弱這兩點,前者牧齋難辭其嫌,後者更定然無可避諱。牧齋自己在《與邑中鄉紳書》中描述清兵"營壘初定"時的情景爲"兵勢洶湧,風鶴驚危,死生呼吸。"[5]對於處於此種情境中的牧齋,陳寅恪先生分析道:"太平之世,固爲潤色鴻業之高才,但危亡之時,則舍迎降敵師外,恐別無見長之處。"[6]這一分析頗可贊同。

然而,對錢謙益自身原因的分析應當結合具體的歷史背景進行。在朱明傾巢,天崩地解之際,降附清人者爲數甚衆,"三百年來養士朝,如何文武盡皆逃?"[7]其中確實有一些值得深長思之的問題。崇禎十七年(1644)明朝顛覆的消息傳至朝鮮後,曾引起李朝君臣對明臣忠節問題的討論,李朝仁祖說:明朝"三百年宗社,一朝丘墟,宜有死節之臣,而至今無聞。" 對於"二百年禮儀之天朝,一朝覆亡,而無一人死節",尤感"不勝痛歎",且謂明初"建文之時,死節者甚多,而今乃不然,良可怪也"。群臣分析將原因歸結爲"皇帝不辟,宦寺執政,禮義掃地,廉恥頹廢,士大夫之有志節者先已去位。"[8]這裏說"無一人死節"是不瞭解當時實際上有許多殉國盡忠者而言過其實,但對於一大批明朝官員不效死節原因的分析卻是有參考價值的。確實,除了一批"先已去位"的有志節者之外,尚在體制內的士大夫是深知其時體制之敗壞的。有西方學者曾指出,"明清間的鬥爭並非取決

---

4 見陳寅恪《柳如是別傳》第五章《復明運動》。上海古籍出版社 1980 年 8 月版,第 865 頁、第 917 頁。

5 錢謙益《與邑中鄉紳書》,載《牧齋外集》卷二十二。

6 見陳寅恪《柳如是別傳》第五章《復明運動》,第 845 頁。

7 南都陷落,秦淮河百川橋下乞兒投水殉國臨決前題詩。見鄒漪《明季遺聞》卷三《南都下》,臺灣文獻叢刊第 112 種,1961 年 8 月出版。

8 吳晗輯《朝鮮李朝實錄中的中國史料》上編卷五八《仁祖大王實錄七》,仁祖二十二年八月戊寅條、仁祖二十二年十月丁丑條、仁祖二十二年八月戊寅條。中華書局 1980 年 3 月出版。

於戰場上的勝負，而是出現第三種情況，即明朝的轄地相繼陷入無政府的狀態"，"明輸得比清贏得還要快。"[9] 究其根本原因，是晚明時代朝廷徹底腐敗，統治大廈完全傾倒。對於一批士大夫而言，自然希望在原有的統治基礎上對系統加以變革，然而這種統治系統內的變革已斷然不可能出現，緊接著如暴風驟雨而來的倒是異族入關。很值得注意的是，在崇禎十三年（一六四〇）至十四年（一六四一）李自成農民起義軍已較爲成功地進行了對明朝文武官吏的招降，這時明王朝在極端腐敗背景下第一次出現了"集體性思想瓦解"；而其後清攝政王多爾袞根據東北縉紳范文程等人的出謀劃策，"變抄掠之暴，爲吊伐之仁"，這種虛僞的爲明朝報君父之仇的旗號帶有很大的欺騙性，這在很大程度上導致了甲申之變（一六四四年）前後包括錢謙益在內的"望風歸順"[10] 式的第二次"集體性思想瓦解"。

　　評價錢謙益易代時的行爲，一方面要重視甲申之變前後的歷史背景，另一方面還應注意隨後士人的出處與心態。明清鼎革之際，士大夫們在"忽然喪亂傾家國，痛哭天崩復地坼"[11] 時在個人出處問題上表現出十分複雜的心理。歷仕南明唐、桂二王的禦史錢邦芑將明臣在甲申之變時的反應分爲四等：一曰殉節之臣，

9　Struve, Lynn A. The Southern Ming 1644-1662, New Haven and London: Yale University Press, 1984. P.74.

10　崇禎十四年始，在李自成義軍進攻下，大同、宣化、居庸、真定等地明將皆不戰而降，而攻奉天"知府王某開門迎"（《平寇志》卷六）；攻西安，副總兵王根子開東門迎；攻寧夏"總兵官撫民開門降"（《綏寇紀略》卷六）；攻太原"守門將張雄爲內應"（《石匱書後集》卷十六），在"天命"和"爵祿"的誘降下，"賊騎未到而池城已空"（《國榷》卷一〇〇）的情況很普遍。另據葉高樹《降清明將研究》（臺灣師範大學歷史研究所專刊，1993 年 10 月初版），明末僅降清的遼東邊將已達 55 人，南明弘光政權降清武將 23 人，明降將參與平定江南戰役的有 27 人。具體分析，其中固然不少人屬於戰敗而降，但亦有所謂"望風歸順"（《上諭檔·乾隆四十一年冬季檔》）者。

11　徐枋《懷舊篇長句一千四百字》，錢師仲聯《清詩紀事》（二）《明遺民卷》。

"旌忠也";二曰遁迹之臣，"美名哲也"；三曰受刑之臣，"志辱也"；四曰受職之臣，"志汙也"。[12] 錢氏認爲，欲爲明朝忠臣者，只應在死節與隱逸間做出選擇，這代表了自古以來的忠君觀念和道德準則。但事實上當時明臣的表現之複雜往往不是看一個行爲片斷就能論衡的，除了陳子龍、夏允彝、史可法等舉兵英勇抗清的仁人志士外，既有先抗清而降清的，也有先附降但轉而抗清的；既有退隱山林，永爲遺民的，也有初不出仕而終於受職的；既有一入清廷即完全迎附滿制新政的，也有身居台省高位而保護抗清人士的。《甲申傳信錄》卷五《槐國衣冠》中曾指出當時"一時入仕籍者，非必願仕之臣，其不入仕籍者，亦非盡不願仕之臣也"，這是洞察世道人心的分析。與入仕相仿佛的是出試。黃宗羲、顧炎武、王夫之、呂留良等人，屢次堅辭清廷徵召，然而對於子弟出試，則非但不禁止，反而有鼓勵或爲之請托的情形，徐介（狷石）提出的所謂"吾輩不能永錮其子弟以世襲遺民"之說，[13] 是很能見出其心裏奧區的。正因爲如此，清初的明遺民在心態上有比較寬容的一面，既堅持忠君和忠於社稷的信念，同時也能比較坦然地與仕清舊臣交遊。黃宗羲《思舊錄·錢謙益》即記其"數至常熟"在拂水山莊、半野堂、絳雲樓與牧齋商略時事、商榷文史的情景，錢師仲聯先生《黃宗羲詩選序》云："南雷頻繁往還吳越間，爲東澗座上客，親昵如家人"，這一情景是相當有代表性的，此外其時歸莊、魏耕及僧宏儲等耿介志士與牧齋俱有密切往還。這正是鼎革之際士人認知和應對新朝的"易代心理"的反映。瞭解這一時代性心理十分必要，這同樣是明清易代背景的一個部分。在此基礎上才能理解爲什麼錢謙益入清以後仍

12 錢邦芑《甲申忠佞紀事》。
13 《鮚埼亭集·外編》卷三〇《題徐狷石傳後》。

有相當高的"人望"，不但他本人成為泰山北斗般的文壇領袖，虞山地區也成為具有極大影響的詩學中心。

三

　　雖然我們認為錢謙益降附清廷既有個人迫於兵威性格怯弱的原因，也有明清歷史大變動之際"集體性思想瓦解"的時代背景，但這決不是說傳統的忠君愛國的價值尺度在明清鼎革之際有任何改變，而錢謙益降清之舉有可恕之處。可以理解並不意味著可以寬宥。事實上入清以後，無論明遺民的態度如何，那些忠君觀念深植於心的降附清廷者內心充滿著掙扎與矛盾、自責和懺悔。吳偉業仕清後，作《自歎》詩道："誤盡平生是一官，棄家容易變名難"，心中一直以"草間偷活"自責，臨終要求在墓前樹圓石，碑上只題"詩人吳梅村之墓"，表現的是一種終極的懺悔心態；龔鼎孳任清朝刑部尚書後，仍顧眷抗清義士，甚至敢冒風險，將抗清愛國志士閻爾梅隱蔽於他的愛妾顧湄的複壁中，這同樣出於一種懺悔心態。錢謙益則更是為仕清的不義之行和尷尬處境深為懊悔和痛苦。天崩地坼時的驚魂稍定，他的頭腦也變得清醒，特別是他應該看到當時所謂"集體性思想瓦解"的"集體"並不是"整體"，拒辭仕清和抗清者在在皆是，"抗清復明"正形成一種新的"集體性意識"，這無疑喚醒了他一個東林黨人的良知。當然，以錢謙益的性格，恐怕也未必敢開附降仕清者辭職風氣之先，而恰恰順治三年（1646）六月史局中李魯生、蔡奕琛率先辭任，"皆蒙恩放去"。隨即錢謙益上《哀懇天恩俯容休致》帖，以"年逼於魯生，又加以病，病深于奕琛"為由辭任歸籍，三日後（即六月二十九）得允，這樣牧齋在仕清以禮部侍郎管秘書院事，充修明史副總裁方五個月便成爲第一批"其迷猶復"者了。[14] 如果我們不是孤立的，而是聯繫歷史背景考察問題的話，應該看到雖然錢謙益以中朝大老，身事二姓，"其心迹有未可白於天下者"，但在滿州貴族正以勝利者自居，氣勢淩人，招降羅網大開，不少文臣武將陸續北上受職，而法令嚴苛，朝官一般不敢謁假之時，他的辭職舉措是極富勇氣的，對於重建人格具有重要意義。張鴻在《錢牧齋先生年譜序》中說："其爲清官僅五月耳。如果輸心新朝，熱心富貴，亦當如洪承疇輩，握大權，獵高位，何至默默甘爲二十年白髮老書生乎？"這是切中肯綮之論，也正是我們評價錢謙益全幅人格形象所不可忽視的。

當然"甘爲二十年白髮老書生"一語還遠不能概括牧齋馳驛歸里後曾長期參與抗清復明活動的不平凡的經歷，這一經歷在他的著作中有所記載。謙益傳世之著，除了外集，主要有《初學集》、《有學集》和《投筆集》三種，這三集分別可視爲"沈浮錄"、"懺悔錄"、"抗清錄"。當然"懺悔錄"中亦有反清的內容。近代李嶽瑞在《春冰室野乘》中曾據《有學集》"摘其詆諆本朝之語而彙錄之"，共錄四十一首，然而這遠遠不是《有學集》中表現反清詩歌的全部。陳寅恪先生在《柳如是別傳·復明運動》中已指出《夏五集》（共三十七首）"可稱爲第一次遊說馬進寶反清復明之專集"，而李氏只錄了其中九首，其他遺漏尚多。牧齋晚懷故國的作品，李氏限於體例，都未涉及，那實在是充盈於全集詩篇之中，觸處皆是了。至於文章，亦同樣激蕩著深沈的懺悔和強烈的反清情緒，即以其中《瞿臨桂浩氣吟序》而言，已足稱

---

14 錢謙益《哀懇天恩俯容休致》帖，臺灣中央研究院歷史語言研究所檔案存。見李光濤《多爾袞征女朝鮮史事》，臺灣中央研究院歷史語言研究所 1970 年出版。

碧血汗青之偉辭，真難怪乾隆帝見之惱怒異常，將牧齋打入"非復人類"之另冊，[15] 不將其著劈版禁毀而不休。其實乾隆所見牧齋"筆墨騰謗"的只是《有學》一集，如《投筆集》亦同時寓目，則必斧鉞牧翁而後已了。從《有學集》到《投筆集》，抗清復明的內容表現得那樣廣泛，那樣具體、那樣深沈，在清初並不多見。太炎先生曾針對朝野時論"多謂謙益所賦，特以文墨自刻飾"，在《文錄別錄甲》中說："以人情思宗國言，降臣陳名夏至大學士，猶扞頂言不當去髮，以此知謙益不盡詭偽矣。"太炎先生以陳名夏之不忘故國，力爭維持久遠的漢族習俗來推度錢謙益"不盡詭偽"，還只是據詩歌而言之，由情理而測之。而如果深入考察瞭解錢氏抗清復明的行動的話，結論則會切實得多。

　　錢謙益晚年曾長期投入抗清鬥爭，概括言之，其抗清的形式有三種：

　　一是輸餉支援抗清人士。順治四年（一六四七）三月，在謙益辭官歸裏不久即牽連於謝陛起兵山東事，方得免禍，次年三月又因黃毓祺一案被清廷逮捕。黃氏舟山起師，反抗清廷，牧齋曾委託柳如是至海上犒師。毓祺兵敗逃亡，牧齋又"曾留黃毓祺宿其家且許資助招兵。"[16] 後黃被清廷抓獲，牧齋涉案下獄，多方營救方獲釋。順治十一年（一六五四）至十二年間，姚志倬在崇明又起兵抗清，牧齋再遣柳氏前往，並攜金資助。《投筆集》中《後秋興》之三云："破除服珥裝羅漢"。自注："姚神武有先裝五百羅漢之議，內子盡橐以貲之，始成一軍。"裝備五百之衆的義師，其耗資之巨可想而知。另外，對抗清死難者家屬，他也慷慨資助。牧齋早年家有巨貲，曾富甲一方，但晚年窮窘不堪，錢氏

15　《清史列傳‧貳臣傳》乾隆四十三年二月諭。
16　《清史列傳‧錢謙益傳》。

逝世後，柳如是已"手無三兩"，其中緣由固然很多，但輸餉抗清自然是一個重要的原因。

二是爲抗清義師出謀劃策。牧齋每自詡知兵，其軍事知識到底如何實在難以論斷，但在《有學集》和《投筆集》中屢以弈棋而喻戰局卻似有見識。順治三年六月回籍以後，牧齋暗中支援抗清，不僅爲江南義師謀劃籌算，同時非常關心閩海東南邊防一線，竭盡心思，可歌可頌。《投筆集》中，詠棋詩句如瓶瀉水，如"由來國手算全棋，數子抛殘未足悲"；"換步移形須著眼，棋於誤後轉堪思"（其一）；"可憐紙上楸枰局，便是軍前畫筭時"（其七），"燈前歷歷殘棋在，全局悠然正可思"（其十一）。這些決不可視爲泛泛感慨，而是對抗清戰局思考的記錄。抗清名將瞿式耜《報中興機會疏》錄有牧齋在順治六年（一六四九）七月派人送給他的密劄一通，云"累數百言，絕不道及寒溫家常字句，惟有忠驅義感，溢於楮墨之間。蓋謙益身在虜中，未嘗須臾不念本朝，而規畫形勢，瞭如指掌，綽有成算。"瞿氏所說的"綽有成算"，即指牧齋以棋局設喻，爲南明永歷朝上陳的"急著"、"要著"、"全著"的戰略戰術。瞿式耜在清兵攻下桂林後以身殉國。他就義前在獄中曾有《自入囚中頻夢牧師，周旋繾綣，倍于平時，詩以志感》一首云："天心莫問何時轉，臣節堅持豈改常？自分此生無見日，到頭期不負門牆。"這不但反映出式耜的志節，也映現出牧齋抗清復明的心志。

三是直接投入抗清活動。順治七年（一六五〇）錢謙益親赴金華遊說駐婺總兵馬進寶反正抗清，九年（一六五二）受南明永歷朝定西將軍李定國蠟書之命，錢謙益同前兵部主事嚴栻聯絡東南，運籌策應。順治十一年（一六五四）再往金華遊說馬進寶，其時又頻繁來往于金陵與蘇杭之間，其行動隱蔽，實際上是與鄭

成功部暗商軍機。[17]順治十三年再往淞江，促使升任蘇松常提督
的馬進寶配合鄭成功的海上行動，同時移居常熟城外的白茆港芙
蓉莊。該莊地處江口，交通便捷，牧齋與黃宗羲、呂留良等有志
復明之士往還，傳達情報，密圖迎接鄭成功北上抗清。順治十五
年（一六五八）鄭成功北上攻入長江，直抵京口，東南半壁震動，
錢謙益和杜甫《秋興八首》高歌中興。次年八月，鄭成功敗退，
他又親駕小舟，夜渡長江，至軍營惜別。其後清廷大舉搜索接應
者，牧齋幾蹈不測。鄧之誠《清詩紀事初編》曾指出：「時桂王
立於粵中，瞿式耜爲大學士，鄭成功、張名振、張煌言舟師縱橫
海上，謙益與之通。」朱希祖《抄校本存信編跋》說：「據此則
謙益不特通海，又入黔請命，招集海上義兵，以與延平相呼應也
久矣。」牧齋直接參與抗清的事實是完全可以窺知的。

四

　　就錢謙益的一生來看，他是一個人格形象的比較複雜的文人
士大夫，要對其進行全面、客觀的評價誠非易事，其主要原因是
錢謙益降清以及入清以後尚與清朝江南大吏交通是昭然於世的，
但他參加抗清卻不得不隱蔽進行而世人罕知。以《投筆集》來說，
這是牧齋抗清復明活動的真實紀錄，但當時極少有人能夠一睹爲
快，以至「其晚出，流布市井，士大夫不樂觀，疑近人僞造」。[18]
其抗清行迹愈隱而不彰，投清之事愈易成爲定讞，成爲社會評判
的基本出發點，這對於評價錢謙益的全部歷史和全副人格來說極
不公平。「時人紛紛說牧齋，幾人真能見精魂？」明清鼎革之際，

17 此取陳寅恪《柳如是別傳》第五章《復明運動》之說。見第 1073 頁。
18 沈曾植《跋投筆集》。

牧齋大節錯過，實在令人爲之惋惜，然而入清二十年，他以全部
生命來懺悔，來贖過，來與異族政權抗爭，成就了"耿耿孤忠"
的晚節，[19] 而一些論者往往強調牧齋降清一節,卻不察其抗清之行
迹,形成了缺少歷史感的評價、結論。當然,同時代人和後代學者
也有洞悉其孤忠精魂的，如早年參加過抗清鬥爭的朱彝尊，康熙
五年客太原時作《題錢宗伯文集後集杜》云："興與煙霞會，人
今出處同。"竹垞所云"人今出處同"絕非泛泛之語，頗堪注意。
錢師仲聯先生《夢苕庵詩話》說："錢氏抗清之迹，莫大于與瞿
式耜、鄭成功之聯繫。鄭成功進軍長江之舉，祁理孫、班孫，以
及魏耕、朱士雅、屈大均等在山陰祁氏園秘密參與謀畫，竹垞亦
奔走其間。《曝書亭集》所載當時蹤迹，可以隱約窺尋，而魏耕、
屈大均則奔走於錢氏之門者，又與竹垞同客山陰，則錢氏心事，
竹垞不難於大均處得之，故此詩有'人今出處同'之語，蓋引錢
爲抗清之同路人也。"稍早於竹垞，黃宗羲作《八哀詩》，其中一
首悲悼牧齋云："四海宗盟五十年，心期末後與誰傳……平生知
己誰人是，能不爲公一泫然？"這裏"心期末後與誰傳"，不僅
是論文學與學術，也兼及抗清復明的心志，此意呂留良頗能理解，
他同樣爲牧齋之孤忠心香難以昭彰於世而灑淚喑嗚，其《跋八哀
詩曆後》云："梨州八哀詩，余同哭者，只牧齋、魏美耳！"在
歷史的隧洞中，從來都有理解和誤解交迸振蕩，但可以相信，對
於錢謙益來說，那些抗清"同路人"的聲音會成爲悠久深長的歷
史的回音。

---

19 張鴻《錢牧齋先生年譜序》："迨至乾隆朝，深宮樞廷，必有窺先生之心事者，
乃相與污辱之，使其耿耿孤忠，不傳於後，以消滅複國之機。"

錢謙益文學觀轉變
及其批評的意義

一、牧齋 "焚稿" 的背景與動因

　　錢謙益以 "命世異才" 進行文學創作的起步甚早，但現存詩文起自泰昌元年（一六二〇）九月，此前作品已親手 "盡焚"。此事他在《牧齋外集·陳百史集序》等數篇文章中都有記載，如《序》云：

> 余未弱冠，學爲古文辭，好空同、弇州之集，朱黃成誦，能暗記其行墨，每有撰述，刻意模仿，以爲古文之道如是而已。長而從嘉定諸君子遊，皆及見震川先生之門人，傳習其風流遺書，久而翻然大悔，摒去所讀之書，盡焚其所爲詩文，一意從事于古學。

　　對於這一事件最早作出評論的是瞿式耜，其《牧齋先生初學集目錄後序》云："吾師牧齋先生，年及強仕，道明德立。閱天人之變，通性命之理，鑽研經史，沈浸載籍，古今學術之降升，文章之流別，皆一一究其源委，擊其蒙部。一旦摒擋箱篋，胥二十餘年之詩文，舉而付之一炬。"瞿氏稱自此以後，謙益凡有撰述，師友千古，以新的標準衡量當代文學，不再 "以嘩耳目，膏唇舌爲能事"。

　　顯然 "焚稿" 標誌著錢謙益文學思想和創作生涯的重大轉

折。是什麼原因導致這一胎骨脫換般的變化的呢？不少學者在探討這一問題時往往從個案分析入手，以時人的某些具體言論作爲錢謙益轉變的契機，卻忽視了促使其文學觀發生徹底變化的時代背景。然而"不知有時，安知有文？"從根本上說，錢謙益的文學觀是隨著晚明哲學和文學思潮而嬗變的。明代後期，以市民階層崛起爲基礎的社會解放思潮湧起，力求道統和政統合一的理想已然消解，溫厚自斂的個性漸變爲突出張揚自我意識。這種自我意識在社會觀方面即表現爲對封建主義傳統意識和社會現實的懷疑，徐渭的"狂怪"，湯顯祖的"伉壯"，李贄的"孤傲"，袁宏道的"顛狂"以及很多士人不赴公車，屛居江村，屢薦不起，絕意仕進，杜門掃軌，以林下爲高，都屬於同一思想範疇，表現出同樣的"性氣"，即一種不隨流俗，獨立不羈，卑視傳統，矯激重氣的精神。與張揚自我精神的社會觀相聯繫，在文學觀上則是對復古主義文學傾向和狹隘自囿的創作方法的懷疑和反思。在錢謙益初習藝文時，這種懷疑和反思已經產生，當其通籍後更逐漸湧動爲一股激流，形成了"萬曆之際，海內皆訾王、李"（錢謙益《陶仲璞遁園集序》）的局面。正是這一奔湧的激流強烈衝擊了錢謙益初步形成的文學思想結構，使其能在得人緒言後，發生究明徹悟的轉變。

在對當時背景略作詮釋之後再來作具體分析的話，可以看出對錢謙益產生直接影響的恰恰正是上面提到的"性情派"和"林下派"兩類作家。"性情派"是指湯顯祖和公安袁氏，"林下派"則指嘉靖李流芳、程嘉燧諸君子。據《初學集·賀中冷淨香稿序》，謙益應會試赴京時曾與袁中道、賀中冷同寓城西極樂寺。謙益云"課讀少閑，余與小修尊酒相對，談諧間作，而中冷覃思自如。"臺灣學者吳宏一據袁中道的日記《遊居柿錄》卷三的記載，證得此爲萬曆三十七年（一六〇九）事。[1]在《初學集·陶不退閒園集序》及《有學集·複遵王書》中，謙益都反復提到評詩衡人的觀點，極賞“賢者小修”，可見袁、錢尊酒相對時藝文評論頗多。自此牧齋與小修保持著深厚的友誼，以至小修之子祈年亦請牧齋幫助改字。萬曆四十五年（一六一七），鍾惺、譚元春《詩歸》印行後，袁中道又向謙益提出了共同排擊竟陵派的倡議，無疑袁中道已將牧齋視爲文學上的同道與知己。

如果說與公安派袁氏相識的際遇對謙益來說有著重要的啓蒙作用的話，在促使其思考創作方向和方法問題，改變既有的文學觀方面，湯顯祖有強烈的影響。謙益平生並未與湯顯祖謀面，湯顯祖對錢氏的勸勉是通過他人轉達的。《有學集·讀宋玉叔文集題辭》云：“午、未間，客從臨川來，湯若士寄聲相勉曰：‘本朝文，自空同已降，皆文之輿台也。古文自有真，且從宋金華著眼。’自是而指歸大定。”《有學集·答山陰徐伯調書》中也有相似的說法。據《初學集·湯義仍先生文集序》知爲湯顯祖轉言者乃吳人許洽生，他曾于萬曆乙卯（一六一五）謁湯氏於玉茗堂，湯氏囑許氏向謙益示其文集，並以自身爲“王、李之朋徒”而“未就”的前車之覆告誡謙益。此事雖經三、四年後湯氏歿世才轉達到謙益那裏，但對於正在文學道路上徘徊、思考的謙益來說，這一剴切之語有很大的啓發作用。只要注意一下“午、未”（戊午、己未，即一六一八～一六一九）這一時間就可以看出，其時正值謙益三十六、七歲，而他的《初學集》所收恰恰“皆三十七、八已後作”，此前作品全部手焚，這絕不是一個偶然的巧合，可證明謙益是在“聞臨川、公安之緒言”後，祛疑解惑，深知文學之源流利病，而識途改轍的。

---

1 吳宏一《清代詩學初探》，臺灣學生書局，1986 年出版。

　　與湯、袁這些知名的文學性情派作家相比，那些荒江寂寞之濱的文士對錢謙益反本蹠實的作用，其時間更長，影響更爲持久。晚明時代，嘉定多讀書汲古之士。一批士人往往一試（或再試）不第，便不赴公車，悠然林下，以學術詩文爲務。而這一地區別有師學承傳，文人學士多爲熙甫門下，因此歸有光的遺論流風頗有影響，並陶冶出一批具有唐宋派文學精神的作家，其中“嘉定四先生”李流芳、程嘉燧、唐時升、婁士堅與錢謙益交誼頗深，影響尤大。四子中謙益與李流芳結識最早，在《答山陰徐伯調書》中牧齋追憶萬曆三十四年（一六〇六）在南京參加鄉試時與李流芳相識且得聞其論之事。當時長蘅“見其所作，輒笑曰：‘子他日當爲李、王輩流。’仆駁曰：‘李、王而外，尚有文章乎？’長蘅爲言唐宋大家與俗學迥別，而略指其所以然，仆爲之心動。”從瞭解唐宋派到接受其文學觀，錢謙益走過了一個過程，而因長蘅繼而結交其友程孟陽以及同樣“有林下風氣”的歸有光之孫歸文休，是完成這一過程的一部分重要的動力因素。據程孟陽《牧齋先生初學集序》，錢、程初識在牧齋未第之前，約萬曆三十七年（一六〇九），亦即錢、李相交後的三年。自此二人成爲莫逆之交，共同探討切磋詩文創作問題，牧齋自謂“涉津與孟陽相上下”，可見其聲氣相同。

　　需要指出的是，嘉定的林下文人們是典型的唐、宋派的傳人，公安三袁亦具唐宋派的傾向，而湯顯祖轉言鄭重提示謙益重視的宋濂，力主宗經，文道合一，仰承百家，亦有唐宋的骨子，湯顯祖本人亦從六朝起手，晚而效白居易、蘇軾，更是地道的唐宋文風。由此我們不難看出，錢謙益焚稿以告別“舊我”，建立起新的創作取向，是在晚明社會啓蒙思潮中，由文學界周邊的兩股力量共同促成的，這一取向與其影響處於文學界中心地位的七子派完全不同：其文由唐宋派上溯先秦兩漢，詩歌以杜、韓爲宗，融攝白、蘇，兼取放翁、裕之。一旦得正法眼，大猷堅定，牧齋便具有了新的識見並開始了向文學中心的挑戰。

二、以文壇 "劫持者" 爲主要對象的批評

　　錢謙益的文學批評具有鮮明的時代意識，這種時代意識體現在以內心所積澱的朝代滄桑變易感認識近、當代文學史，通過對文壇 "劫持者" 的詰難以改變當時社會的學風和文風上。明代文學流派紛爭競長，最具有影響力，因此他的批評始終注重於流派，而在衆多流派中又著重將七子派和竟陵派置於 "劫持者" 的地位，作爲 "別裁僞體" 的對象加以排擊。相比較而言，謙益對七子摧辟最力，正如他晚年所云： "余之評詩，於當世抵牾者，莫甚于二李及弇州。" （《題徐季白詩卷後》）之所以將李、王作爲首要的掊擊對象，這是一種批評策略的選擇，因爲正是他們才具有使文學世界天地晦蒙，劫而不復的能量。試看他的以下評論：李夢陽 "生休明之代，負雄鷙之才" ， "一旦崛起，侈談復古，攻竄竊剽賊之學，詆諆先正，以劫持一世。" [2]李攀龍 "操海內文章之柄垂二十年，其徒之推服者以爲上追虞姒，下薄漢唐。" [3] "吾吳王司寇以文章自豪，祖漢禰唐，傾動海內" 。[4] "自弘治至於萬曆，百有餘歲，空同霧於前，元美霧于後，學者冥行倒植，不見日月。" [5]在一個多世紀的文學史上，還有誰比他們更能席捲狂瀾，劫持當世呢？因此，要矯正學風、文風，使僵化瀕亡的文學重新

---

2 錢謙益《列朝詩集小傳》，上海古籍出版社 1983 年出版。
3 錢謙益《列朝詩集小傳》，上海古籍出版社 1983 年出版。
4 錢謙益《初學集》，上海古籍出版社 1985 年出版。
5 錢謙益《初學集》，上海古籍出版社 1985 年出版。

恢復其生命活力，必然要棒喝天門，辟易雄鷙。牧齋以此來標誌
文學批評的高度，也充分顯示其格量是非的力量。

　　對於李、王爲首的七子派，謙益著重捭擊其"僞"的弊端。
他在《有學集·王貽上詩序》中，認爲"詩道淪胥"，浮僞並作
的首要癥結即七子派的"學古而贋"，劫持者之贋在徑作竄竊賊
手，被劫持者之贋在沿僞踵繆。對此種文風，他在《初學集·鄭
孔肩文集序》中用"傲"、"剽"、"奴"三字加以概括，並加
以了形象的說明。何謂"傲"？傲者仿佛求一茅蓋頭曾不可得的
"窶人子"，暫且租居在別人家廊廡，便將主人翁之廣廈華屋視
爲己有；何謂"剽"？剽者如晝伏夜動，持器伺機行竊者，是"忘
衣食之源而昧生理"的等而下之的行徑。何謂"奴"？奴者即耳
目慵懶，心志自囚，呻呼喑嚘，無一自主者，他們總是"仰他人
之鼻息而承其餘氣"。然而"百餘年來，學者之于僞學，童而習
之，以爲固然。彼且爲傲爲剽爲奴，我又從而傲之剽之奴之。"

　　謙益此處之"彼"，實即高居墠坫之上操持文柄者，"我"
則是那些缺乏自覺意識而被濃厚的贋氣挾裹者，而正是這種上行
下效，在文學界形成了普遍的字模句擬，生吞活剝，優孟衣冠，
效人嚬笑的不良局面。由此產生的詩文，貌似漢唐，徒有腔調，
給人的感覺總是浴而不裸，巧笑無情，神會支離，意興索然，最
終只能算是土蒭文繡似的象物傀儡，是毫無個性，汩沒真情的精
神遊戲。"試取空同之詩，汰去耳吞剝撟撉，吽牙齟齒者，求其
所以爲空同者，而無有也"。[6]"今之人，耳慵目傲，降而剽賊，
枵然無所有也"。[7]這裏"無有"二字不可忽略，這是牧齋對近人
學風、文風最峻銳苛厲的批評。他反復強調文學是性情在天地變

6　錢謙益《列朝詩集小傳》，上海古籍出版社 1983 年出版。
7　錢謙益《初學集》，上海古籍出版社 1985 年出版。

化中蘊釀，經世運蟄啓，與時代風會交相擊發而產生的，創作的基本條件是靈心、世運和學問，僦不得，奴不得，更剿不得。正是在這一認識基礎上，他明確提出以"有"與"無"作爲評價文學創作的根本標準。在牧齋看來，辨"有"、"無"實即辨"真"、"僞"。"真"是評價文學作品的大前提，他特別以此與七子派分營別壘，祭法鬥寶。

　　與拈出"學古而贗"來駁詰七子派相應，錢謙益以"師心而妄"訾詆竟陵派。明代後期，"世尙苟同，分竟陵、曆下而馳者，驅染成風"（周櫟園《汪舟次詩序》），竟陵與七子大有儷立儷坐，前後宗師之勢，學詩者也往往歸楊歸墨，步趨影從，而且後來居上，以至一時間詩人多作竟陵體。賀貽孫《水田居存詩·感懷和劉安期、安於》詩有云："每遜三叉字，彌驚一字宗。敢云獻吉李，不敵竟陵鍾。"又《詩筏》云："自鍾譚出，而王李集覆瓿矣。"錢謙益在《列朝詩集·譚元春小傳》中用"糊心眯目，拍肩而從之"來形容當時學詩者聞風而附之狀，足見竟陵派在明末影響之巨了。從明末文學創作的實際來看，"竟陵鍾"比"獻吉李"確能過之，但整體來看七子派在有明一代的詩學地位並不在竟陵派之下。不過七子主盟文壇的時代稍遠，且內爭外攻，使"王李已成腐朽皮"（鄭禹梅《與袁公彀、王有容論詩》），而鍾譚爲新進，詩道興而議論行，正在發生著影響。因此，在錢謙益的視野中，要改變文壇風氣，需要挑戰新的中心，阻抑後來居上的流派，爲此牧齋不惜下重藥，用激論。如論鍾惺"其所謂深幽孤峭者，如木客之清吟，如幽獨君之冥語，如夢而入鼠穴，如幻而之鬼國。"[8]論譚元春言詞更爲苛厲："才力薄于鍾，其學殖尤淺"，其詩"無字不啞、無句不謎，無一篇章不破碎斷落。一言之內，意義違反、

---

8 錢謙益《詩集小傳》，上海古籍出版社 1983 年出版。

如隔燕吳；數行之中，詞旨蒙晦，莫辨阡陌"，[9]可謂一筆抹煞。

　　竟陵派自接過了公安派"獨抒性靈"的口號後，又加以了修正，欲以深幽孤峭來矯正淺俗輕率。就其詩論來看，誠如錢鍾書先生指出：其"識趣幽微，非若中郎之叫囂淺鹵"，"並非望道未見"。但是標新立異、欲有建樹的文學理論要爲世人所接受，不僅理論本身的創新性應當符合文學發展的規律和社會的期待，而且要有相應的創作實績來印證理論的適當性、可行性，而恰恰在詩歌創作上竟陵卻輸于公安，錢鍾書先生評曰："公安取法乎中，尚得其下；竟陵取法乎上，並下不得，失之毫釐，謬以千里。"[10]說竟陵詩歌"並下不得"或也持論過嚴，但確實與"取法乎上"的理論訴求相對照顯示出一定的差距，因而竟陵理論上的罅隙便更易窺見，也更易施刀。當然錢謙益在一系列闡述中反復將鍾譚以深幽孤峭爲宗，以凄清幽渺爲能的詩比作"木客之清吟"、"幽獨君之冥語"、"墮於魔"、"沈於鬼"、並非只是就詩論詩之語。以下這一事實需要注意：鍾氏與錢氏同年，是萬曆三十八年（1610）的進士，這一年適逢袁宏道卒世，故竟陵能獨領風騷三十年。而竟陵詩風的彌漫正伴隨了明代步步衰落、存亡續絕的最後的過程。文學之正變、詩音之舒促歷來被視爲與國家氣運相關，甚至是綱紀固弛、國家盛衰之徵兆。因此雖然竟陵詩寒瘦幽峭，噍音促節是世紀末的時代之變使然，以"鬼國"、"兵象"、"天喪斯文"、"五行之詩妖"而痛詆不貸，乃至認爲"國運從之"，顯然游離了文學的立場，帽子戴得實在太大，但在大廈將覆、朝代滅亡之際，評論者從這一特定角度攻伐，並力求一變斯風，是完全可以理解的，所透露出的扶持國運的感情在明末清初易代之

9　錢謙益《列朝詩集小傳》，上海古籍出版社 1983 年出版。
10　錢鍾書《談藝錄》，中華書局 1984 年出版。

際頗能得到當時文人的呼應。

三、"四十而變"的心態及文學史意義

文學史上很多作家的創作歷程中都曾出現過文學觀念的轉變，但並不是每個作家的轉變都在文學史上具有意義，只有那些"扛鼎式"的作家的文學觀念的變化才會在文壇卷起風雲，激起浪潮。錢謙益正屬於這一類作家。他的轉變既是他個人創作歷程中的重要標誌，同時又不僅限於他個人，而成爲詩（文）史發展的一個轉捩點。其實作爲一個文壇逐鹿者，他不但清醒地意識到何以要變化，同時在自我反思和轉變過程中自覺追求著"驚噪天下"的效應。也許正是爲了造成和擴大這種反響，他對自三十七、八歲開始而至四十歲完成的文學觀念轉變臨文不隱，在許多場合他都回顧幡然改轍的過程，宣示其"四十之變"。特別具有深意的是，他強調王世貞晚年悔作，特記述其"年未四十，與於鱗輩是古非今，此長彼短，未爲定論"的話。[11]王氏對"年未四十"事悔歎，正從另外一個角度襯托出自己的"四十之變"是一種成熟的、正確的選擇。

四十以後，錢謙益一變而軒昂激烈，不但視往昔山水而非，亦視當前風物爲魔障。隨著入清後他的人品受到物議，其一系列評論也被質疑，四庫館臣甚至在《明詩綜提要》中用極端的語言稱其《列朝詩集》乃"以記醜言僞之才，濟以黨同伐異之見，逞其恩怨，顛倒是非，黑白混淆，無複公論"，這在一定程度上模糊了謙益所進行的明代詩文史總結和反思的意義。那麼應該怎樣看待牧齋的文學批評呢？

---

11 錢謙益《列朝詩集小傳》，上海古籍出版社 1983 出版。

　　錢謙益是一個重視交遊，善於臨文潤情，樂於援翰超度之人。綜觀謙益所撰《列朝詩集小傳》和大量的序、跋、贊、論，凡對一般影響不太大的作家及文學後進皆相當寬厚，片善不掩，充分發現並激賞其長，助其競騁；而對他認爲有一定負面影響、能左右風氣的文壇盟主、輔臣則相當峻厲，大力駁難，不遺瑕疵，總是摧陷廓清而後已。兩相比較不能不承認牧齋胸中有情緒，筆下負意氣，格量人物確有寬嚴之別，亦時見親疏，月旦褒貶未必完全適度，其可讀而不可完全信從的批評亦複不少，針對竟陵派不留餘地的“昌言排擊”更顯出負氣之甚。對此陳衍在《石遺室詩話》卷六曾列舉《隱秀軒集》中許多詩句並說：“亦不過中晚唐之詩而已，何至大驚小怪。”至於竟陵詩論，《石遺室詩話》卷二十三有“鍾譚於詩學，雖不甚淺，他學問實未有得，故說詩既不能觸處洞然，自不能拋磚落地”的批評，但他一方面舉出若干“艱深文固陋”之例，然同時亦舉例明確表示“鍾譚評詩亦有甚當者”，與牧齋之論相比則顯然平允得多。

　　身當近代，陳衍在評價明末清初詩歌流派時已經在時間的距離中保持了一份冷靜，自然也比錢謙益多了一份客觀，但我們倒也不應該苛責錢謙益那種身處當世的焦灼與偏激。從文學史發展的角度來看，應該承認牧齋從“汩沒俗學”而撥棄舊軌，選擇異途舉幟而前是有積極意義的，其作出選擇的心態是值得肯定的。牧齋的心態可以從三個方面來看：

　　首先牧齋與七子派、竟陵派在審美觀上存在衝突。牧齋向以“真”爲審美第一要義，立誠言志，抒發真情是其審視文學價值的首要標準。《初學集·劉咸仲雪庵初稿序》對“真”有一段非常生動的詮釋：“咸仲之詩文人喜而歌焉，哀而泣焉，醒而狂焉，嬉笑嚬呻，謦咳涕唾，無之而非是也。咸仲之性情在焉，咸仲之眉宇心腑在焉。有真咸仲故有咸仲之真詩文。"牧齋強調有真人才有真性情，也才有真詩歌。真，是文學創作的根柢，漢唐氣象之所以曆久彌新，光焰萬丈，其勝義在此。牧齋正是從真性情中吸取淋漓元氣，驅使超軼群倫的博贍雄才，創造昌大閎肆，"千容萬狀，皆用以資爲狀"的文學格局。這正與七子派尺寸古人、生吞活剝，轉手販營，愈販愈僞，與竟陵派的孤峭僻澀、淺狹局促形成對立。鍾譚在編選《古詩歸》、《唐詩歸》時，"舉古人之高文大篇鋪陳排比者，以爲繁蕪熟爛，胥欲掃而刊之"，專選清瘦淡遠一路，牧齋以爲此乃"惟其僻見之是師"，顯然在審美觀上與之南轅北轍。

　其次牧齋與七子派及竟陵派在學風上嚴重對立。他十分重視培植深厚醇正的學養對於一個文學作者的意義，認爲學問與性情互爲表裏，性情是學問的內在精神，學問是性情的外煥之采（所謂孚尹），詩文創作也"茁長於學問"。因此他一方面提倡多讀書，博覽淹通經經緯史之學，一方面提倡"轉益多師"，即不局限於一代、一派、一門而通貫古今，廣泛師從，虛心學習，從而使自己深涵茂育，充實提高。而恰恰在這兩點上與七子派、竟陵派截然不同。七子以司馬、杜氏爲宗，唯秦漢，盛唐爲是，不讀唐以後書，實質是"務華絕根，數典而忘其祖"，[12]學術越治越淺，創作越來越偏。而在牧齋看來竟陵派之病根亦是"不學而已"，因"便於不學"，方以爲心靈無涯，幽情單緒陶寫不盡。牧齋認爲這正是竟陵派創作走向詭特突奧，成爲詩學之舛，甚至危及社會的原因之一。應當看到，他在明末清初這一特殊的歷史時期，將學風放到突出的地位，以改變學風爲使命，是有其深沈的歷史情懷和特殊的時代意義的。

---

12 錢謙益《初學集》，上海古籍出版社 1985 年出版。

　　再次，牧齋之所以舊途反撥、中道改轍，也出於建設新文風和建立新的文壇格局的雄心。在謙益之前，識者已有志于改變文風，但只是拉開一個序幕，未能全役建功。如嘉靖後期，歸有光“蒿目嘔心，扶斯文於墜地”，然而當時“輕材小生，謏聞目學，易以文從字順，妄謂可以幾及，家龍門而戶昌黎，則先生之志益荒矣。”[13]繼而“萬曆中，臨川能訟言之，而窮老不能大振”。在晚明那個特殊的文學轉型期，文學史最終選擇了錢謙益，錢謙益也責無旁貸地樹旗立站，排擊俗學，截斷眾流，取得了“海內驚噪，以爲希有”的效果。[14]事實上，如日本學者吉川幸次郎氏所說，正是錢謙益才最後爲“僞古典主義文學”判了死刑，[15]使七子派的餘焰熄滅。竟陵派雖然在清初仍餘緒未寢，但畢竟已在末路。

　　牧齋曾不無驕傲地說過：“仆年四十，始稍知講求古昔，撥棄俗學。門弟子過聽，誦說流傳，逐有虞山之學。”[16]錢謙益不但開創了虞山之學，也成爲清代詩歌史上的開山宗師。任何一個矯正舊風、開創新風者，在被稱爲首功的同時也極易因倡言破立而遭誅伐，錢謙益因人生經歷的複雜和文學觀的偏激備受爭議實不足爲奇。然而今天我們在卻顧、梳理那段紛繁複雜的文學思想史時，應該看到牧齋文學批評的出現有其特定的文學史背景和時代意識。他力矯明七子獨尊盛唐之偏，並大力掊擊竟陵，一洗近代窠臼，更隱然張出“宋詩”大旗，將幾近三百年的以唐詩爲宗的詩壇風會導向唐宋並爭的過程，使學術上的理性精神與文化上的沈實品質引入到詩歌創作中來。隨著牧齋文學批評理論的傳播和

13　錢謙益《有學集》，上海古籍出版社 1996 年出版。
14　錢謙益《有學集》，上海古籍出版社 1996 年出版。
15　（日）吉川幸次郎《錢謙益的文學批評》，載日本京都大學《中國文學報》，
　　1980 出版。
16　錢謙益《有學集》，上海古籍出版社 1996 年出版。

詩歌創作實踐的展開，在詩壇産生了極大影響，仿佛從一切是禪走向了禪淨合行，清代詩歌創作的路徑爲之拓寬，詩學空間得以擴大。在明清轉關“詩派中衰之際”，牧齋確實開迪了一代清詩風氣，其“四十而變”的文學史意義實在不可忽略。

情到狂時燒破眼：
論清初詩人錢曾

　　清初是詩壇風雲際會的時代，而江南虞山尤是詩人聚集之淵
藪，風氣轉移之發源。以往文學史家研究清初詩歌都注意到虞山
派，這無疑是有識見的。然而既稱詩派必有一個詩人群體，形成
一定的規模，但當我們檢視這一群體的時候，看到文學史家所提
及的往往只有錢謙益、馮舒、馮班，卻忽視了在清初江南頗有影
響的如錢曾等其他一批詩人，這不能不說是一種偏頗。在一定的
文學研究背景中"忽視"是一種可以理解的現象，但今天我們顯
然不應仍然將那些堪稱流派中堅的重要詩人置於研究視野之外。
事實上當我們要深入探討虞山詩派的時候，是實在無法忽略像錢
曾這樣的至情詩人的。

一

　　錢曾(一六二九～一七〇一)，字遵王，自號也是翁、貫花道人、
籛後人、述古堂主人。遵王出生於仕宦世家，這是一個具有深厚
文史學養的家庭。曾祖岱（秀峰公），著有《兩晉南北朝史合纂》
四十卷。祖時俊，著有《春秋胡傳翼》三十卷。父裔肅，天啓間
嘗官史局，與人商訂《宋史》。先祖中最爲顯赫，對後代影響最大
的是曾祖。秀峰公出張居正門下，侍禦一生，曾四典鄉會試，掇
巍科，登顯要，地位尊崇而極盡風流。遵王崇禎癸未（一六四三）

年十五以第五名入學補生員，如果明社不傾，以其"蘭錡依然，流風未艾"的家世背景他亦當走向仕途。但就在他剛補生員的次年便逢清兵入關，明朝覆亡，革鼎易代，自此不涉場屋，畢生在家鄉虞山甘爲一遺民。初從族叔錢陸燦遊，爲忘年叔侄之交，後入牧齋門下，進入虞山詩文化圈，並成爲虞山詩派之疑丞。今存詩集有《懷園小集》、《交蘆言怨集》、《鶯花集》、《夙興草堂集》、《今吾集》、《判春集》、《奚囊集》七種，加之集外詩凡五百一十三首。[1]除以詩而名外，錢曾也是著名的藏書家、書目文獻學家。其藏書總數超過四千種，卷帙龐大，曾爲江南一時之盛。書目文獻有《也是園書目》、《述古堂書目》、《讀書敏求記》三種，後者對嗜古籍和治目錄學者最有影響。

錢曾的交遊範圍主要是虞山詩文化圈和吳中及東南的藏書家、詩人，他的上述詩集和《讀書敏求記》中共記載了與七十多人互通古籍，商榷風雅，其中順治四年（一六四七）始交於二馮，順治五年與毛晉定交于尙湖舟中，都是其重要的交遊活動，而最值得提及的交遊對象毫無疑問是錢謙益。與謙益的交遊不但與他畢生的藏書事業、詩歌創作、學術著述有密切關係，而且還在清初虞山詩派中平添了一椿"公案"。論遵王則不能不敘及這一恩怨並存的交往。

遵王是牧齋的族曾孫，順治五年（一六四八）年及弱冠時成爲牧齋的晚年弟子。他雖爲錢氏鼎貴一支，生長於綺繻紈絝之間，但能以學問自勵，故爲牧齋器重，授以詩法。其時牧齋之門海內學者聯翩而至，遵王每執都養，相與議論，自有見識，牧齋喜謂

---

1 據謝正光《錢遵王詩集箋校·前言》統計。謝著三聯書店香港有限公司 1990 年 6 月出版。

"得遵王而門人加親也。"[2]遵王家藏書籍頗富，又誠心訪求，因而牧齋在順治七年絳雲樓失火圖藉被焚後，將燼餘書悉數轉授遵王，使其藏籍一時雄視東南，自此二人交誼更密。順治十三（一六五六）年秋，遵王作有《秋夜宿破山寺絕句十二首》，八月十二日牧齋偶從扇頭得"莫取"云云新句，不覺老眼如月，遂動"摘取時人清詞麗句"編爲《吾炙集》之意。編輯時以遵王此詩爲壓卷之作，跋云：

> 詩家之鋪陳攢儷，裝金抹粉，可勉而能也。靈心慧眼，玲瓏穿透，本之胎性，出乎毫端，非有使然也。"莫取琉璃籠眼界，舉頭爭忍見山河"，取出世間妙義，寫世間感慨，正如忉利天宮殿樓觀，影現琉璃地上，殆所謂非子莫證，非我莫識也。

不久遵王以新作《交蘆言怨集》請牧齋剪削，牧齋題序稱之"學益富，心益苦。其新詩陶洗熔煉，不遺餘力矣。"在虞山諸多詩人中，牧齋對遵王最爲賞契，數致其書均厚稱其"好學深思"，《懷園小集序》中亦贊許"其爲詩，別裁真偽，區明風雅，有志于古學者也"，因而與之交往越來越頻繁，到順治十八年經常在紅豆莊和述古堂舉行酒宴而達到高潮。遵王請牧齋名其四子，因紅豆樹開花而作詩酬唱，虞山詩人（包括虞山詩文化圈中的太倉顧湄等）聚集限韻賦詩，使師生交誼更加親密。牧齋《有學集》卷十一《紅豆三集》有《辛丑二月四日宿述古堂張燈夜飲酒罷有作》詩，其三"醉倒綠窗賓作主，笑喧紅袖祭爲尸"的描寫最能見出二者親密得無拘無束。由欣賞而至推許，由交誼而生信任，牧齋不僅選詩以作壓卷，題序以予獎拔，授書以助藏庋，還將自己所箋《杜工部集》、所輯《全唐詩》未完稿本及前後詩文

---

2 王應奎《海虞詩苑》卷四。

稿盡付遵王。牧齋平生于杜詩研治用力最多，注杜之役前後約三
十年。經過與吳江朱鶴齡一番“注杜之爭”後，正是遵王建議牧
齋將《草堂詩箋》單刊別行，而謙益與遵王往來商榷後，鄭重交
由他補注刊行。由此可見牧齋對遵王確有極大的期許，也可見牧
齋所說遵王“助我良多”並非虛言。

　　其實在牧齋生前師生之間有著難以言喻的契誼，無怨可言。
但康熙三年（1664）五月牧齋卒，柳如是留城守喪，因初牧齋與
其族並不和睦，此時族人托言牧齋舊有所欠，聚鬧於堂，河東君
竟以身殉。這一錢氏家變事涉遵王，甚而有人直指其爲要挾蜂湧
之禍首，遵王遂被遠近深責爲不義，一時頗有與之絕交者。此事
衡之以道德，實在不可爲遵王置喙一辯，而他對此也從未作任何
申辯，這筆心債應是沈重地荷負到終生。但是他通過箋注牧齋三
《集》、竭盡心力謀求梓行《錢注杜詩》，發揚牧齋學術精神，擴
大其詩歌影響，以至不朽，從而證明自己仍然是牧齋思想上的同
路人、詩學上的繼承人。季振宜是尊仰牧齋而又深知遵王者，他
的《錢注杜詩序》所言可以作爲理清紛緒的評說：“噫，斯幸矣，
牧翁著述，自少至老，連屋疊床，使非遵王篤信而死守之，其漫
漶不可料理，縱免絳雲樓之一炬，亦將在白雞棲床之辰也。謀於
予則獲，遵王真不負牧翁幽冥之中者哉。”因爲與牧齋喪期突發
的悲劇事件的關係，在道德、文章所結合成的評價體系中，錢曾
的詩難免受世人冷落，但是他終生以實際行動作出的真誠懺悔，
應當能換得我們的一些寬容，站在文學的立場上，從時代背景著
眼，對其人格道德和詩歌創作做出客觀而全面的評價。

二

　　入清以後遵王似乎極力用搜求古籍文獻來建造一座書城將自

己與政治隔絕開來，在順治十八年（一六六一）江南奏銷案中，名列欠冊而被革去生員，也沒有卷起他心中太大的波瀾。但是在那個血與火的時代，一個具有民族情感的詩人其創作是不可能脫離社會，漠視現實的，只要深入一層，細按心脈就可以看到，遵王詩與同時沈陷於易代劫灰中的遺民詩人的作品一樣，刻印著深刻的時代的印記，既充滿了滄桑變改、陵谷摧遷的悲哀，也交織著沈夜待明的焦灼期待和大業難成的失望無奈，具有強烈的故國情懷。遵王嘗用"情到狂時燒破眼"（《夜深》）來描繪其性情，那麼我們可以說他的至情至性首先體現於這種民族感情、民族意識。乙酉之變清兵下江南時，遵王正當十七歲血氣方剛之時，目擊慘禍他絲毫不辭"放筆狂言"。《悲歌十首》即"中懷多所蘊塞，外揚為聲音"之作，詩中充滿了"茫茫海底看揚塵，殘山剩水難回首"的風輪火劫後的悲慨。他用直筆記錄了一個個悲慘驚心的場景："平明胡騎入城中，亂殺居民無處避。生擒婦女到營前，少者拘留老者棄。衣裳垢敝隨犬羊，坐臥相率真斷腸。""路旁婦女吞聲哭，面黑耳焦半頭禿。右抱啼兒左挽衣，衣穿骨露身無肉。""孤兒死父妾死夫，且莫存亡那可必。"清兵在吳中大肆屠戮的慘狀如在目前。約為同時所寫的《悲秋》有"金爵風煙天地恨"、"木落天高雙淚垂"句，稍後作的《讀宋遺民錄泫然題其後》有"浮雲慘澹蔽扶桑，堤唱羌歌盡犬羊"句都能道出詩人深恨如海，啼鵑滴血的心境。這裏自然要提到那首長達千言的《哭留守相公詩一百韻》和一千三百多字的《問月詩》。前詩為悼念抗清忠臣瞿式耜而作，詩中以史筆全面表現出乙酉以後持續的兵災，迸發出心底的呼喊："兵劫幾時消，國仇何處雪！"詩人將瞿氏喻為回曜魯陽、奔日誇父，對英雄的無限景仰中包孕著至深的民族意識和感情。後一首詩系遵王詩稿中最堪注意的憫時傷亂之作，全詩"規撫盧仝《月蝕詩》"而成，3以對月而問爲經，天上地下情景爲緯，較全面地反映出傷亂中的社會現實：

> 可憐今夜端正月，還應去照流民哭。旱蝗兵燹十年來，中原到處無完族。高墉名邑作蕪城，往往狐狸嗥大屋。嗚呻鬼面百存一，糟糠曾未厭其腹。昨朝路側鬻妻女，明日門前賣兒肉。……可憐今夜端正月，還應去照沙場之暴骨。金瘡深入猶帶瘢，斷項摧頭光突兀。有時霜風至，吹起烏鳶銜亂髮。一點兩點馬血火，爭向草根明又沒。

這首詩錢大成《錢遵王年譜稿》系於順治三年（一六四六），蓋根據首句"歲在柔兆閹茂"而訂，然詩中有"旱蝗兵燹十年來"和"詩人辛卯歌災異"語，則知當作於順治八年（一六五一）。作者是用回憶的口吻描寫明末以來生靈塗炭、民不聊生的極其悲慘的社會現實，所展現的情景真令人摧肝驚魂。記錄下這一悲慘的情狀就是保存了一段歷史，然而面對這段歷史詩人發出沈重的叩問："古來亡國因峻宇，好色令目盲"，那麼朱明王朝何以滅亡呢？在詩中作者用了遺民常用的以"太陽"喻"朱明"的手法發出呼喚："日是太陽飛上天，月是陰精，胡不沈入地"；猶嫌不夠，進一步質問："既云圓缺避陽光，何能橫來掩日？"詩人堅信"圓缺"（月）不會長久，"必然玄夜要光明，但願只使太陽挂空長不落！"數百年之後讀此等詩也不能不驚歎當年年輕的詩人如此被肝瀝膽，敢吐"狂言"。順治十六年（1659）鄭成功由崇明渡江，繼而破瓜洲、攻陷鎮江，直逼南京，張煌言又從另一路圍攻，自蕪湖而取徽、寧。但成功兵臨南京堅城之下，終爲清軍所敗，遁歸廈門。遵王有《海上》詩云："烽煙海上羽

---

3 王應奎《海虞詩苑》卷四。

書催，鼙鼓時聞動地來……眼底悠悠誰可語，英雄成敗總堪哀。"
此事牧齋《投筆集》之《後秋興》中亦有詠歎。合而讀之並考之
牧齋與鄭成功暗中聯絡和援助的事實，可知遵王不僅知其事，亦
或也間接參與，果如此則詩人已不止於敢吐"狂言"，"英雄成
敗總堪哀"實乃枕戈泣血之心音。

　　錢謙益稱賞遵王詩"靈心慧眼，玲瓏穿透，本之胎性，出乎
毫端"，何謂"胎性"？它應該具有兩層涵義：一是真情，即出
之於內心，發之於肺腑，是全部情感、人格的體現；二是自然，
即我主詩奴，以性情驅使詩筆，從而陶洗熔煉，脫去俗氣，"天
然去雕飾者，自在西施之嫣然一笑。"[4]《秋日雜懷八首》是牧齋
稱及的一組"胎性"詩，試讀其四：

　　　怪來咄咄自書空，滿眼興亡劫火中。
　　　廢塚銀鳧愁夜月，荒谷金狄泣秋風。
　　　願留若木棲神鳥，欲采靈芝券臥龍。
　　　莫訝頻年易憔悴，綠章常擬問天公。

　　這首詩收於《夙興草堂集》。夙興者，思父母也，此名與《懷
園》、《判春》諸集名暗喻思故明的取意相同，前舉《海上》詩亦
在此集。這兩首詩都有順治十六年六月鄭成功逼攻南京的背景，
而此詩時當秋令，則作於《海上》之後。"書空咄咄"典出《世
說新語・黜免》，而此句則顯然取意于杜甫《對雪》"數州消息斷，
愁坐正書空"一聯。成功敗師後僅以少數艦隻遁避廈門，詩人欲
知其消息，"書空"正顯出焦慮與不安。銀鳧、金狄，托物寓情。
初唐詩人王績曾慨歎"金秋移灞岸，銅盤向洛陽"（《過漢故
城》），這裏思接千古，同悲漢亡。神鳥、臥龍謂恢復之機尚存，
故以青詞上奏叩問天公。全詩憂端滇洞，無限興亡之感發自於深

---

4 《有學集》卷十九《交蘆言怨集序》。

心，至情言語即成天聲，雖然幾乎句句用典，但並非庾辭讔語，陶煉功深而化爲情之橐鑰，故既氣韻沈郁又自然生動。隨手摘錄這組詩中"霧塞颶回六鷁歌，月中影是舊山河"；"領略停雲哀故鬼，商量聽雨識前非"；"誰家鵬鳥上承塵，禪板秋燈寄此身"；"話到滄桑唯慟哭，願隨鳥犬逐狂秦"，蒼涼之筆抒神州陸沈之悲慨，有骨有氣，俱發之"胎性"。以下是《秋夜宿破山寺絕句十二首》其一、其四：

> 禪房花木蕩窮塵，白髮觀河喻性因。
> 省得浮生俱幻泡，山光潭影即前身。
>
> 空庭月白樹陰多，崖石巉岩似缽羅。
> 莫取琉璃籠眼界，舉頭爭忍見山河。

這兩首詩仍然是抒發對山河易幟，人世滄桑的感傷，然而精於內典而善用之，構思更詭譎，含義更深微。從遵王詩中可以看出他在表現民族意識而"情到狂時"，或走向事件的前臺直抒胸臆，一吐爲快，或疊取各類典故，拉遠距離，用"石馬銅駝記往年"的手法闡譯人間奧義，後者在遵王詩中所占比重更大。有學問作創作根柢，既顯出虞山派詩人才銳而博洽，同時使詩人"狂情"的表現更睿智而深刻，牧齋及當時江南詩人對遵王賞契甚重，原因正在於此。

三

解讀錢曾詩歌我們不能不注意到在他集中佔有一定比重的愛情詩。實際上"情到狂時燒破眼"是易代之際詩人強烈的民族情感的體現，也是那個特殊時代詩人多情個性的反映。關於遵王的性情和生活情況文獻記載不多，王應奎《海虞詩苑》卷四《錢文學曾》小傳有"在綺襦紈綺之間"一語，或出於遵王《江城子》（曉起）詞中自述"人在綺羅香裏度輕寒"，但是只要讀一讀他的《菩薩蠻》詞便可以對之有較爲具體的瞭解了。這是一組詞共四首，每首自成情境，合爲一段豔事始末。試讀其二："朱欄回牙長廊接，逶巡欲到心還怯。微露九枝光，簾前認暗香。頻頻呼小玉，特地教催促。 匝錦屏風，繁化一樹紅。"其四："花冠膠角登牆叫，高唐驚醒鴛鴦笑。殘夢尚迷離，香濃欲起時。斷腸床下立，握手微微泣。珍重結羅裳，曉風窗外涼。"從這裏可知"小玉"實如小蠻、樊素之雲鬟紅袖，遵王與之頗有一段浪漫情事。另外《判春詞二十五意之所至筆亦及之都無倫次》其十一有"一堆黃土葬朝雲"，"鴛鴦相對吊荒墳"句，注"追悼文漪，忽生韓憑之感。"既比之宋代朝雲又有韓憑之感，則文漪爲遵王相愛的愛妾無疑。

　　遵王的愛情詩散見於各集中，而尤以《鶯花集》最爲集中。鶯花，春花之謂。集名取意于唐人"鶯花爛漫君不來，及至君來花已老"（盧仝《樓上女兒曲》）之意，可見其爲愛情專集。此集具體寫作時間難考，但集中部分詩馮班曾有和作，收於《鈍吟集》，虞山詩人陸貽典康熙七年（一六六八）序之，據推可知遵王鶯花詩當爲四十歲前所作。全集共四十首，除少數幾首用長吉體外，皆爲玉台、西昆風格。其中部分作品帶著濃重的香奩膩脂氣息直接抒發男女慕悅之情 ，甚至描寫內房兒女歡樂之景，最突出的是《曲房春晝四首》。詩中寫曲房外部環境和內部環境的雅麗豪華，寫曼妙女子羅裙粉絮、腮花暈醉的著裝美、形貌美，甚至用"蝶翻"、"鴛散"、"銅鵲飛"、"銀蛇走"之類的淺俗的暗喻來表現性愛的過程。這類詩執貌以求，性情不傳，風調未諧，性心理的表現也落於俗套，缺少作爲文學作品應蘊涵的美感表現力。

但是《鶯花集》中更多的作品卻與之不同。這些詩寫"情到狂時"過後的失落和對往昔美好愛情的追憶和懷念，沈博絕麗而情思深摯，始終帶著或淡或濃的悲劇色彩，頗爲感人。這方面《夜深》堪稱代表作："池面風來拂檻涼，夜深無睡立斜廊。一樓春夢人千里，滿地桐花月半牆。情到狂時燒破眼，酒初醒處斷回腸。可能六扇屏山裏，翠幕生波透異香。""情到狂時"、"酒初醒時"一聯生出方臨高峰即入浪底的巨大的跌宕感，"斷回腸"是熟語，但"燒破眼"卻運筆開張，字字生新，極富情感表現力。就此詩來看，已可見遵王並非愛情詩的等閒作者了。這裏我們再來讀一下他的七律《有懷》：

> 小闌芳徑獨徘徊，煙染花枝濕露苔。
> 安穩烏龍眠錦屬，放嬌青鳥過香台。
> 相思不共朝雲散，好夢多隨夜月來。
> 海底仙桃無處覓，漫勞方朔問花開。

首句直取晏元獻的詞句稍易一字而用，便是一片婉約多情的底色。春花如染，朝露潤苔，這是目前之景與往昔之景聯繫的意象媒介，由此自然無痕地過渡到對曾經擁有過的良辰美景的追懷。頷聯即化用白居易《和夢遊春詩一百韻》中"烏龍臥不驚，青鳥飛相逐"二句來描寫愛遇的纏綿悱惻。如今此情可待成追憶了，但相思刻骨銘心，"不共朝雲散，多隨夜月來"，無時無刻不縈懷於心。最後詩人不辭"獺祭驚博"疊用典故，驅使方朔問花尋桃，極抒心中愛戀的情思。這裏我們不能不注意到那首規制甚大的《無題詩一百韻》。全詩展開透迤婉轉的脈絡，敘述了一個情境真實可感而又朦朧惝恍的愛情故事。看來這是一段"走私的愛情"，對方是一個"妙解攻詩賦，平居玩簡編"且能琴擅畫的才女，兩人相見時難而又後約難定，半是幽懷，半是激情，詩人寫得婉轉曲折而又淋漓盡致。最後以"回首嵐光隔，低頭樹影連。樓臺何處尋，想象夢遊仙"作結，形成了一個完整的縹緲綺麗的境界。詩中雖不乏"借夢行雲雨，驚塵繞市廛"的俗情俗態，但總體上仍然是以委曲縝密的感情抒發稱勝。此詩寫成後遵王甚爲自得而示于馮班，竟戲稱馮班"不耐此長篇"，從而"激"出鈍吟一篇麗藻奪目的唱和詩，在虞山派裏形成一段佳話，遵王這類詩在當時的影響也由此可見。

　　遵王愛情詩的創作是清初虞山遺民群體特殊的文化和生活狀態的反映。虞山山清水秀，人文薈萃，是江南典型的詩畫風流地。在殺氣陰凝，堅冰冬冽的清開國之初，虞山遺民詩人一部分以潛隱的姿態進行著抗清鬥爭，而更多者則帶著悲哀和無望的心境泄情于詩文，甚至專心於壘砌詩書典籍的堅城。從地域文化傳統上看，"虞故多詩人，好爲脂膩鉛黛之詞"，[5]而此時這些風流的"綺紈子弟會集之間必有絲竹管弦，紅妝夾坐，刻燭擘箋，尙於綺麗"。[6]他們在這種偎紅倚翠、玉鍾醉顏的氛圍中放蕩性情，大量的兒女之事入詩也就不足爲怪。有了這樣的前提以後，他們的詩歌創作趨尙也就必然在中、晚唐，法乳李商隱兼及溫庭筠了。清初虞山詩家何以"總愛西昆好"？對此我們是不難從那種帶著鮮明的時代與地域特點的遺民生活態中找到答案的。

　　當然這個答案也許還應包含一些更複雜的內容，也就是說遵王（包括其他虞山詩人）以西昆體爲範式多寫情事固然與其風流的生活以及與之不無關聯的喜好玩挹情味，追求綺麗瑰妍的美學趣味有關，但是如果我們聯繫清初烏雲壓城、血色蒼茫的背景來看，特別是注意到發生在江南甚至就在吳中的一系列旨在征服南

5　馮班《鈍吟老人文稿·葉祖仁江村詩序》
6　馮班《鈍吟老人文稿·同人擬西昆體詩序》

方世人的大案冤獄，就不難看出詩人希風義山，多寫香草美人，造境時而百寶流蘇，時而朦朧隱約，在一定程度上是不得不採用的表現某種深微思想的手法。應該說遵王一部分看似寫愛情的詩，其對良緣的讚美，對往昔的追懷，實際上正是李商隱式的"楚雨含情皆有托"，隱含思明複明的寓意。以《鶯花集》中《偶感》為例："小院簾垂白日低，情隨芳草恨萋萋。九淵偏是驪龍睡，三島曾容紫鳳棲。阿母得錢教買酒，姮娥奔月不須梯。殷勤為探蓬萊水，清淺安能貯玉泥。"錢師仲聯先生《夢苕庵詩話》就指出"細味之，多寄託，不盡為兒女私情也。"此詩即"似為鄭成功兵敗長江後，於順治十八年辛丑入臺灣而作"，詩人為明桂王政權沒落（白日低）而哀，為成功遠走（情隨芳草）而思，頗致恨於明帝無能（驪龍睡），婉孌寄託，情韻深厚。此類性情風骨兼備，可稱高格的詩在遵王集中並非一二，而恰恰是這類詩在虞山派流裔中影響相當大。綜觀遵王的詩歌創作，雖然誠然如沈德潛《國朝詩別裁集》所指出間或"流易有餘，精警不足"，但總的來說他的詩植根於時代社會的土壤，體現了遺民詩人不屈的人格力量，有豐富的思想蘊涵，詩學上相容唐宋，也有相當高的藝術造詣和美感價值。就其在清初虞山詩派中的地位來說，固然不可如錢陸燦《今吾集序》所說的那樣，將他與牧齋相提並論，甚至以為大可比擬為杜審言與杜甫祖孫，但其藝術成就當在頗具聲名的馮舒、陸敕先等人之上，已可與馮班比肩儷坐。錢曾將自己的名字深深地刻進了中國文獻目錄學史，這個名字同樣應該寫進清代詩歌史。

筆蘸驚濤倩寫愁：
論清初詩人陸貽典

　　文學社團流派的大量湧現是明末清初的一個重要文學現象，也是研究這一時期文學的關捩。在諸多流派中虞山詩派是有其突出地位的。這是形成于明末清初江南海虞的一個地域性的詩歌流派，著名文學家錢謙益爲其宗師，當馮舒、馮班成爲有力的輔翼後，詩派具有了一定規模，在當時詩壇上與以陳子龍爲首的雲間派和以吳偉業爲首的婁東派相鼎立，使吳中地區儼然成爲一個清明廣大，聲名遠播的詩學中心。研究虞山詩派，自當首重錢謙益以及二馮，然而我們不能不對陸貽典予以特別的重視，這倒不僅僅是他的詩歌創作具有一定的影響，更在於他在虞山詩派的形成之初曾發揮了倡導者、組織者的作用。崇禎後期，在和一批虞山詩人集爲吟社商榷風雅時，他親刻《虞山詩約》，並請牧齋作序，以求"刻石立壇，胥天下而奉要約。"[1]二十多年後當他與友人唱和時還回憶起當時"敢說詞壇建一軍"情景，[2]無疑在虞山詩派中陸貽典是一名老將。對於這位以往只是書於中國文獻（典藏）史中學者，今天我們應該將他寫入清代詩歌史。

1　錢謙益《初學集·虞山詩約序》，上海古籍出版社 1985 年出版。
2　陸貽典《余刻虞山詩約已二十餘年矣，辱孫雪屋見詒二絕，頃始見之集中，追次元韻志感》，《覿庵詩鈔》卷三，清雍正元年刊本。

一

陸貽典，一名陸典，早年名陸行，又名陸芳原，字敕先，自號觀庵，明萬曆四十五年（一六一七）生，卒於康熙二十五年（一六八六）。明諸生。弱冠後與里中詩人孫永祚等結吟社，刻《虞山詩約》。入錢謙益門下，臺灣學者胡幼峰在《清初虞山派詩論》中將陸貽典列爲虞山詩派“出入錢馮”者，[3]這是一個誤解。雖然正如虞山不少詩人都與二馮有密切的詩學交往一樣，敕先與鈍吟同樣是時相切磋，互相推獎的詩友，然而從其詩門所出和詩學宗尚看，他顯然應歸於牧齋一系。這一點清初詩人陳瑚《陸敕先詩序》有明確的敍述：

> 明隆萬之際，古學淩夷，儒術衰息，兔園村夫子教其子弟都爲程文爛熟之習，而以博聞強識爲諱，文采風流蓋蕩然矣。牧齋先生出而振起之，於是海內學者始知讀書嗜古，一時人才群出其門下，而吾友陸子敕先者，先生之高第弟子也。敕先好學深思，沈酣載籍，作爲詩歌渾淪盤薄，含英咀華，得先生之教居多。

張文鑌《陸觀庵先生詩序》云：“觀庵先生與馮鈍吟遊錢宗伯之門，才名相頡頏”，可見敕先與馮氏兄弟交遊亦始於同遊牧齋門下。他與毛晉及孫泯自亦大約於是時定交，後他與毛晉結成兒女親家；對馮班、孫泯自詩集，皆搜討佚編，並爲之刊行，事在康熙七年（一六六八）。然弱冠入牧齋門下不多年後，敕先有近二十年行迹不明，牧齋在《陸敕先詩稿序》中用“陸子敕先別余

---

3 胡幼峰《清初虞山派詩論》，臺北國立編譯館 1994 年出版。

垂二十年”一語帶過，蓋知其經歷，僅喻爲“越人去國”卻不言
具體。敕先在《奉呈牧翁兼呈遵王》詩中也有“廿年空契闊”之
自道，其間事迹可知者唯“客歲賦上巳文宴詩”連章及牧齋。敕
先之摯友張文鏕在《陸觀庵先生詩序》中有云：“少年英氣勃勃，
常欲有所樹立，時命不偶，乃頹然自放，全用其精力於詩，有‘飯
顆山頭’之態。”這是一段含蓄而微妙的介紹。敕先爲客“垂二
十年”正值明社傾坦，抗清鬥爭持續不斷之際，那麼敕先“英氣
勃勃”欲有所成，而又“時命不偶”，則很可能與鼎革易代之際
的局勢有關。今可考知的敕先入清後的最初事迹是順治十五年（一
六五八）五月在錢曾處借得鈔本《古文苑》進行校勘。從明亡前
三、四年至此已“爲客”十八、九年，這正合牧齋“別余垂二十
年”之說。其後頻頻出入於牧齋紅豆莊、遵王述古堂、毛晉汲古
閣，與馮班、孫永祚、陳南浦等虞山詩人贈答酬唱亦多，除收藏
校讎圖書之外，“全用精力於詩”，再度顯示出虞山詩派中堅的
風貌。張文鏕云：“定遠沒，邑中老成落落，唯先生爲碩果。”
可見敕先在虞山詩史上，不但是“詞壇建一軍”的倡導者，而且
因年壽稍長，在延續以錢謙益、馮班爲中心的清初詩壇的影響方
面也有重要作用。

　　敕先“所學無所不窺”，有深厚的學問根基，“自漢魏六朝
三唐兩宋，莫不上下魚獵，含英咀華”，[4]尤長於詩學，曾與虞山
王清臣、錢朝鼐、王俊臣重校《唐詩鼓吹箋注》。所謂重校，實爲
重新箋注，糾正廖氏（文炳）錯訛甚多。牧齋在《唐詩鼓吹序》
中充分肯定了他們正定舊誤之功，贊曰：“四子將假遺山之《鼓
吹》以吹角也，四子之聲，自此遠矣。”康熙年間，在錢遵王箋
注牧齋詩集時，僻事奧句往往徵詢於敕先，對其箋解敕先援助可

---

4 張文鏕《陸觀庵先生詩序》，《觀庵詩鈔》卷首，清雍正元年刊本。

謂最多。平生所作詩先後有《青歸集》、《百豔集》、《曉劍集》、《玄要齋集》、《吹劍集》、《漸於集》多種，曾自稱"我有千首詩，多年閟匣底"（《張以純錄余覲庵詩，書此爲贈》）。對於其人其詩牧齋認爲："敕先蓋斯世之有情人也，其爲詩安得而不工？"又曰：

> 讀敕先之詩者，或聽其揚徵騁角，以按其節奏；或觀其繁弦縟繡，以炫其文采；或搜訪其食蹤祭獺，採珠集翠，以矜其淵博；而不知其根深殖厚，以性情爲精神，以學問爲孚尹，蓋有志于緣情綺麗之詩，而非以儷花鬥葉，顛倒相上者也。

馮班《玄要齋稿序》亦有"髫歲好聯絕，下語多驚人。十年以來，於書多所窺。其於詩律益深"的評價。但這兩篇序推其時間，當作于順治末和康熙初。奇怪的是康熙七年（1688）敕先在將詩稿託付給張文鑛繕寫刊行時竟將《青歸》、《百豔》、《曉劍》、《玄要齋》四集刪削殆盡，僅各留數篇編爲《複存集》。康熙二十五年（一六八六）病篤之際，又囑張氏："我平日風花雪月，憂貧歎老之什皆可不存，存其師友往還贈答幾篇足矣。"[5]如此敕先風格各異的"千首詩"在今傳《覲庵詩鈔》中僅存二百四十餘首。爲什麼要將平生"煉字總吟千遍少，賞音劣得一人多"的精心之作刪卻四分之三之多？敕先在《複存集自序》中解釋爲"壯老不同境"，結合時人的有關評論我們可以推知，其刪詩一是與有論者稱其詩歌爲"朝花"，嫌其香豔有關，[6]一是不願在詩集中留下明末清初"客走他處"生活的痕迹。這樣無論從內容和藝術表現上，都使《覲庵詩鈔》薄弱了許多，詩人豐富的生活和情感世界

---

5 張道溁《覲庵詩鈔跋》，《覲庵詩鈔》卷末，清雍正元年刊本。

6 馮班《玄要齋稿序》：敕先詩"詠情欲以喻禮義，時時有之。或比之'朝花'，非也。"據鈍吟此辯，知時論有評敕先詩爲"朝花"者。"朝花"即謂其綺麗香豔而無骨力。

已難以真實而充分地被感知，這對於詩人自身和虞山詩派來說，都實在是一個損失。

二

當然今傳《覿庵詩鈔》仍有較高的價值，它可以在一定程度上幫助我們瞭解敕先，追尋詩人三百多年前的心迹與風流。我們可以肯定敕先在刪詩時削除了大量的憫時傷亂、反映現實的作品。雖然當年身閱鼎革而激發出的民族情感，在敕先今存的詩集中因其作了大量的處理而不易全面感受，但我們知道那場民族鬥爭曾在詩人心中卷動起急流洪峰，在“中年哀樂苦難平，白髮今從鏡裏生”（《書感二首之一》）的詩句中還依稀見到這種感情的漣漪，在“酒龍躍浪滄溟立，文鬼依山紫氣橫”（《歸玄恭六十》）的詩行裏能感受到志士不滅的鬱怒之氣。另外尚存於《複存集》中的《白體三首》仍能體現詩人對時代的關切與敏感。此詩寫于崇禎辛巳年（一六四一），那正是山雨欲來，國勢岌岌可危之秋，“世事多易理，河患難久平。昆侖一源出，涓滴成淵泓”，詩人以洞察歷史的睿智揭示出“否泰剝複”之理。然而朝代之“剝極必複”鼎革易代必然給人民帶來極大的災難。如果說這首詩所云“我生胡不辰，饑饉苦多難”反映了末世之難的話，《舂米行》、《後舂米行》則表現出對清廷統治者敲剝摧殘民生的憤慨：“冬寒黍禾猶在田，操鐮揭厲骨欲折”，“急搗緩舂紛應節，聲聲解聽撞胸杵”，百姓在沈重徭役下被逼得“窮簷骨髓枯”，敕先用新樂府筆法寫出了世間瘡痍，表達出對陷於水火之中民眾的深刻的人文關懷。

在《覿庵詩鈔》中，《徐子野殉難詩》是一首不可多得的長篇敍事作品，是一份珍貴的思想文化資料。徐子野是一位“弱冠工文章"，但又"屢屢躓名場"的儒家子，家境極其貧困，"菽水每不足，將母感不遑。"除了母親之外，"閨中有孀妹，兄嫂相撑撑。孤甥就君養，骨肉有餘情。"然而這個家庭在甲申之變後清軍進兵殺掠江南時演出了一場奇特的人間悲劇："干戈相逼日，闔門徒彷徨。君婦方歸甯，君常侍母旁。母誓以死殉，與兄共焉往。殉母又難懟，死國胡不匡。母子各矢志，意氣殊激昂。言念若敖餒，敢輕斬蒸嘗。庶幾不背義，一死一以亡。兄言余不才，暗雁宜受烹。況也以任長，死固餘所當。君言弟謂何？媳婦且歸甯。何辭戀妻子，不惜母與兄。數四爭侍母，互以去相讓。兄屬眷大義，再拜辭高堂。執手爲泣訣，相期死相逢。顧乃舍己子，攜甥共踉蹌。出門數回首，難禁淚淋浪。須臾兵塵合，旌旗蔽城隍。去者不知遠，居者當其衝。悍卒四五人，鳴刀突君庭。母妹縱井穴，赴義如沈湘。執君以邀貨，徒手不得將。抗言求速死，頸血膏銛鋌。嗚呼如君者，節概何錚錚！本爲儒家子，單寒多俊良。合門秉高義，堪爭日月光。"在清軍兵鋒逼近時，徐母知不堪國破家亡故誓死殉難，徐氏兄弟深爲所感，決心殉母而報國。但徐家自當留一血脈，在何人赴難何人逃亡的問題上兄弟都辭生而就死。最後徐子野以"媳婦且歸甯"爲由，堅辭慷慨，矢志殉難。當其兄剛剛走遠，兵塵即至，母親與孀妹縱井就義，子野血刃而亡。這首詩具體而生動地記錄了清兵殺掠江南的災難和民眾以特殊方法所進行的不屈抗爭，是一首亡國絕祀之際的染血的詩史式的悲歌。"赴義如沈湘"一語揭示出徐氏家人赴難的"死國"的深刻內涵，而詩中骨肉情深的對話所包孕的傳統的人倫感情，又在親情的層面上催人淚下，數百年後仍使讀者的心弦爲之顫動。

在敕先今存的作品中，一些懷古傷今的作品同樣風骨凜然，

易代之際產生的海涸河枯宗廟傾圮之悲，在壓抑的心境中醞釀得
哀感蒼茫。試看《江樓》：

　　　雲際長江江上樓，乾坤日夕撼中流。
　　　杯傾濁酒供懷古，筆蘸驚濤倩寫愁。
　　　烽火南州聞轉戰，繭絲東國動咿嚘。
　　　鳳凰黃鶴空回首，崔杜吟詩滿地秋。

　　全詩闊大的視境中激蕩著悲涼的情感。胡塵遮眼之憤與民不
堪累之悲交彙一體，迴溯到鳳凰台和黃鶴樓的歷史摧遷中，使詩
歌在深沈哀感的拓展中也顯示出歷史認識的意義。而字字有來
歷，體現出作者"學問最有原本"，又能將學問化為感情世界。
"筆蘸驚濤倩寫愁"一語筆力警遒，透出沈雄渾然之音而不乏風
調性情。再看《雜贈新安吳聖允三首》其二：

　　　洛陽城郭撫銅駝，四十年來小劫過。
　　　客夢頻牽吳苑遍，酒情偏傍越山多。
　　　閒人不解常舒嘯，知己相逢一放歌。
　　　市隱自來多傑士，販繒屠狗事如何。

　　此詩當是在康熙年間所作，眼前雖然沒有了胡塵烽火，但無
論是市隱或農隱的遺民都仍然沈哀茹痛。這首詩把歷史悲劇發生
的幾個地方聯綴到一起，自有讓人骨驚的內涵。這種寫長歌之哀
甚於哭，杯中傷逝不聞聲的感懷之作決不該低估其價值。此類詩
尚可舉《舟中看雪用蔣文從韻》，其有"綏綏一夕灑林巒，雙槳招
攜載酒寬。劫盡乾坤存太素，歲窮人物入高寒"云云，意緒鬱勃
而筆力峭拔，尤以"劫盡"二句寫得沈鬱頓挫，在同時代虞山詩
人作品中並不多見。

三

　　從傳世的《觀庵詩鈔》來看，陸敕先的詩歌創作一方面具有突出的遺民情結，另一方面又典型地體現出虞山派詩人的風貌。所謂遺民情結是遺民階層在易代後對昔日君主、朝廷以及故國政治制度和生活方式堅定執著、無時或釋的懷戀之情。雖然“末世士風瀾倒，變革之際，托于殷士之裸將，管仲之相齊，棄舊君如敝屣者何限”（《歸莊集·歷代遺民錄序》）。在清兵入關後不少士大夫禁不住新朝施出威脅和利誘的兩手，剃髮易裝，絡繹投向清廷，但仍有大批遺民（他們也許曾經是抗清戰士）熱血丹心，堅守志節。當西台慟哭的大悲痛過去之後，他們變得更加冷靜，對新朝始終冷眼相看，在社會所能容忍的極限上保持著最大的距離。如果說不仕新朝是爲了明恥慎節的話，身處海濱，自甘窮寂，或遁隱山林，自耕爲食，便是一種保持名節的存在方式了。詩，可以傳達出詩人與山水、林石、禾黍，乃至鳥獸相依存的生命體驗，與古今人物對話的情感激發，是矢志守節自律與自勵的精神通道，同樣也成爲他們存在方式的一個組成部分。明遺民的詩，有四大基本主題：一是表現和追憶抗清鬥爭，二是抒發故國之思，復國之志，三是擊刺暴戾高壓的政治，四是讚美高潔的操守和貞亮的人格。如前所述，第一方面的內容爲免賈禍在《觀庵詩鈔》中幾乎裁削殆盡，而後三者則觸處可見。《空齋聞雁》是一首借用比興而寫實意味很強的古風：“深堂闃寂驚時晏，數聲叫裂秋雲片。咿喔遙過細雨滋，斜飛嘹亮寒風顫。褰幔空愁閨，調管倡樓怨。月皎仙人掌，燈慘長門殿。霧暗沙明幾處投，犯雪蒙霜不知倦。羅網高張禾黍稀，且戒遊波慎啄蔓。君不見，澤中裂帛遙系書，仗節依依明主戀。屬國已去漢運遠，世事幾看滄海變。淒切

猶含關塞情，窗靜燈昏淚如線。"滿紙"驚"、"裂"、"寒"、
"顫"、"愁"、"怨"、"慘"、"淒"、"淚"之類的字眼，
使人如歷岞崿陰森的寒山，驚心動魄，無疑這是"羅網高張禾黍
稀"的厲禁暴政的投影。全詩充滿了滄桑替變，王室銅駝的感慨，
這是一種極普遍的遺民情感心態，然而詩中"漢運遠"的慨歎尤
其是"明主戀"的感發卻是極其直率、大膽的，而此一"戀"字，
正可以解釋那一代遺民何以萬劫不悔地長期進行抗清複明的艱苦
鬥爭。在《覯庵詩鈔》卷三《吹劍集》中有一首《閑意》詩，敕
先云"天下若無拙，塵中應更忙"，更稱"閉門人境遠，開卷道
心長。便有浮雲意，高風敢作狂"，似爲遠離人境，閉門守拙者，
然透過紙背看去，詩人作狂的意氣仍在，只是"陋巷偏疑春不到"
而已，一旦地暖春至，壓在眉峰之恨，積於心頭之氣便能裂石穿
雲！

　　陸敕先的詩擅寫世道人情，富有哲思。張文鑌《陸覯庵先生
詩序》所錄其《贈友》詩殘句"與君百尺樓頭臥，世上猶爭上下
床"，真讓人長想其風概；"陋巷偏疑春不到，好山還許夢相通"
（《寄唐孔明》），頗有醉翁"春風疑不到天涯，二月山城未見花"
的餘韻；"乾坤浩劫終趨老，花柳韶華不救貧"（《次答在之重用
前韻見詒》），用近乎白話的語言直道心中塊壘，揭示萬千世相，
寓大含於細入，由淺近而深遠。另外他的詩善於練句，圓潤流暢。
如"倩月評新句，留雲補破衣"（《丙辰春日奉酬陳在之》）；"輕
風夜淺凝紅燭，細雨春回動綠觓"（《同在之以寧集德鄰齋》）；"雙
塔鴉翻鈴鐸雨，小淵魚動荻蘆煙"（《次和邵湘南移居二首》其
二）；"少答歲時唯薄醉，長留天地且狂吟"（《新正三日留滄魚
小飲次來韻》）；"萬竹清禪夢，孤峰老佛顏"（《宿中峰送天成赴
修武百岩寺》）；"池塘好夢多春草，江國哀思滿夕陽"（《酬顧伊

人見示四十述懷之作》)。雖然這些詩有些秀句可喜而全篇並不足
觀，但從這些琳琅佳句來看，確有晚唐許渾、鄭谷以及溫李西昆
詩的風致，倒是完全當得牧齋“緣情綺麗”之評的。在這裏需要
指出的是，虞山詩派是一個受李商隱及西昆體影響極大的創作群
體，牧齋對義山詩學的研究及其所示的“躋義山，祧少陵”法門
無疑對海虞詩人追步西昆產生了重要影響，但馮班對確立這一創
作祈向卻起了更大的作用。馮班是接武牧齋而祭李商隱，他把義
山與溫庭筠相提並尊，由此上溯齊梁，祖祧徐、庾。馮班在《同
人擬西昆體詩序》中曾這樣描述少年以來作詩氛圍：“余自束發
受書，逮及壯歲，經業之暇，留心聯絕。于時好事多綺紈子弟，
會集之間，必有絲竹管弦，紅妝夾坐，刻燭擘牋，尚于綺麗，以
溫、李爲範式。”我們相信以陸敕先與馮班極其親密的關係，他
亦爲參與會集者，也是虞山派詩人創作環境的創造者，這決定了
他的詩最基本的特徵亦即“尚于綺麗，以溫、李爲範式”。從馮
班的《玄要齋稿序》中知道當時有人譏刺陸敕先的詩“專爲豔
詞”，可見綺麗之作在《覯庵詩鈔》中數量原本相當可觀。馮班
對於時人的譏刺，有“光焰萬丈，李太白豈以酒色爲諱”語反唇
相譏，只可惜這類詩在今存詩稿中十無一二了，我們只能從馮班
《贈妓次陸敕先韻》“芳草王孫有暗期，藏烏門巷莫頻移”這樣
的唱和詩中感受敕先當年的風流，並體味“芳草王孫”中一定程
度的婉孌托諷。

陳璧詩在清初的特殊意義

一

　　清初詩史因在革鼎易代與民族鬥爭雙重矛盾的血與火中展開，而成爲中國詩歌史上一個相當特殊的過程。要究悉這一段詩史進程的具體狀況，我們不能滿足於那些早已顯露，已經耳熟能詳的文學史料。事實上，根據人們所熟悉的文學史料所寫成的文學史，描述的往往是一般的發展軌迹，在這種描述中文學史的特定語境實際上缺席了，許多具體生動的個案消失了。這樣，對於過去曾經真實出現過的與歷史的大變動相應的文學潮汐我們已經看不清潮起潮落。要使清初詩史得到連貫的（而不是斷裂的）、深入的闡釋，文學研究者需要關注底層的作者——例如，那些以明遺民身份隱居在海隅山野的詩人。他們的創作也許因爲包含了特殊的內容而無意於傳播，長期難以爲人知曉，但以順治朝計至今畢竟只有三百多年，鈎沈稽錄尚大有可爲。而一旦將許多鈎沈的文學史料置入傳統的評論視野，清初詩史的面貌就會在新的個案鏈中顯現出真實的輪廓和實況。本文選擇的個案是清初虞山詩人陳璧的《殘稿》。陳璧在當時與顧炎武、歸莊、陳瑚、熊開元、施閏章等著名詩人都曾以詩贈答，在清初頗有一定的聲名，但他卻從遺民詩群中流失已久，在卓爾堪十六卷《明遺民詩》中即已佚落其名，更遑論其他的《遺民詩集》或清詩總集。其實他的詩在清初曾有手抄本，但收藏極秘，蓋爲家族傳藏，罕爲人知。直到二十世紀八十年代才有學者發現了其詩文稿殘本，並著手整理付諸棗梨，題曰《陳璧詩文殘稿箋證》[1]，凡二卷，至此一份珍貴的文學史料才爲學界所瞭解。[2]

關於陳璧其人，明末清初陳瑚的《離憂集》、康熙年間黃容的《明遺民錄》及有關方志文獻中俱有簡略的傳記，參以同時代人的一些記述，可以略知其生平大概。璧字昆良，別號雪峰，明萬曆三十三年（1605）生於常熟，不久逢家難。稍長，揹拄巨紳處叩閽湔雪父仇，表現出非凡的志節。少有文名，掉鞅名場，然只爲一諸生。後參加東林黨和複社，党獄獲解後因"護死義之遺孤"爲"天下瞻仰，以爲賈彪嬰杵，未足多也"。[3]早見賞於錢謙益和張國維（玉笥）。玉笥是牧齋的門生，崇禎末在兵部尚書任，薦授昆良爲兵部司務，而《牧齋尺牘》卷上致李懋明信中有"茲者陳生璧效用於玉笥門下，以公務入都，遣申左右，惟仁兄諒之"語，知錢氏對昆良入仕亦多奧援。陳璧入都任職在崇禎十七年春，不足一個月即逢甲申之變。這次他"伏匿數日，乘間逃歸"（陳湖《離憂集》）。

逃歸南都後，陳璧隨即"拜三疏，陳救時八策"。救時自然不能，南都傾覆之後他並未歸隱，而是奔波于江浙與桂林之間，"間關走萬裏"，[4]從事抗清的秘密聯絡工作。有學者認爲清豫親王多鐸進兵南京是在乙酉五年（一六四五）五月十五日。乙酉閏

---

1 江村、瞿冕良《陳璧詩文殘稿箋證》，上海古籍出版社 1984 年出版。
2 據江村、瞿冕良《陳璧詩文殘稿箋證・前言》介紹，陳璧詩文殘稿是蘇州大學圖書館上世紀八十年代開始組織人力整理五十年代從蘇州博物館接受來的五萬多冊殘破線裝書中發現的。全書包括殘片在內共計 107 頁，書寫字迹清楚，大部分用朱筆圈過，可能是作者的清稿本，也可能是同時代人的抄本。雖然全稿前後都未署名，但可確考爲陳璧所作。
3 黃容《明遺民錄》卷三，日本東洋文庫藏清初抄本。
4 黃容《明遺民錄》卷三，日本東洋文庫藏清初抄本。

六月十二日，張國維起兵東陽，隨後他與錢肅樂、張名振迎魯王以海監國，以陳璧與張國維的關係看，他很可能參加了魯王政權。清兵攻陷浙、閩之後，他似一直在做江南抗清志士和西南永曆政權的聯絡工作。[5] 這一分析是可以據信的，其時在永曆政權中的瞿式耜在《庚寅八月廿七日書付鉊兒》尺牘中透露過有關消息："近日叔獻頗發歸思，[6] 欲借一聯絡之差走浙、閩，尚無定義。即陳昆良到梧州已奉有敕印，亦尚未行，以必須到桂林一就商於我也。"虞山錢牧齋當時正在和瞿氏聯絡積極策劃，與張天祿、田雄、馬進寶等一些雖已降清，又各爲觀望的江浙二臣關通密約，爭取廣泛的抗清力量。牧齋和江南志士們通過什麼渠道和廣西方面溝通的呢？陳璧《昭慶感懷》之四有"箬笠麻鞋仗策扶，依稀此處渡西湖"句，自注云"己丑南行，七月渡此。"另外，在《和西頑行腳詩序》中有云"西頑，錢幼光秉鐙也，爲行在翰林，辛卯與余同歸。"己丑爲順治六年（一六四九），辛卯爲順治八年（一六五一）。稍加梳理，陳璧這前後三年的行迹就非常清楚了，我們也可以肯定錢謙益以及一些江南志士正是通過陳璧與瞿式耜傳遞抗清消息，謀劃抗清行動的。

　　考察陳璧這三年的活動，《出續夢詩示歸玄恭，玄恭依韻壽餘，有"只今空度服官年"之句，孤臣心事，一口道出，知己之感，用賦四律》詩其三中"枕中長秘蟠龍敕，夢裏空彈獬豸冠。持節幾時還玉佩，論功何時上金鑾"四句尤可注意。據此可知三點：（一）陳璧曾在永曆政權受刑部官或御史官，（二）從桂林往江南爲持節使，奉蟠龍敕，肩負著桂王政權的秘密使命，（三）出發時已有還命論功之約。然而就在順治七年十一月以後，形勢發

5 江村、瞿冕良《陳璧詩文殘稿箋證》，上海古籍出版社 1984 年出版。
6 叔獻即瞿式耜的族弟瞿共美，與陳璧皆爲虞山人。

生急變，廣州、桂林、梧州陷落，鄭成功援粵師敗，順治八年舟山又被攻落，魯王流亡海上。陳璧以全部生命投入的抗清活動"卒無所遇"，便於順治十年（一六五三）歸隱虞山。此時陳璧"白髮鬖鬖亦可畏"，"樽前空落興亡淚"（葉奕苞《悲哉行贈陳昆良》）從此只能將蟠龍敕長期密藏於枕中了。然而從這一段壯懷激烈，披肝瀝膽的經歷可以看到，入清以後當大批遺民已經開始以隱士作為自己的社會身份時，陳璧仍然以一個戰士的身份戰鬥在抗清的前沿，即使歸隱後，他仍然與江南抗清志士有著密切的聯繫。在清初遺民詩人中，他無疑是一個具有特殊意義的典型。陳璧的卒年無考，當牧齋為"八十老人"時曾有書劄致陳氏囑其"枉晤"，這是能夠考及的昆良最後的交遊活動，以此推之，其享年當在五十六歲以上。

二

今所存陳璧殘稿寫作年代自順治十一年起，而此前"十年為位數招魂，賦得哀歌稿不存"，[7] 家人懼怕禍胎，將文字俱投火毀滅。關於這十年的抗清經歷，今天我們只能從"十年心事鬼神司"（《同人賦除夕詩分得支字》）、"雄心非復十年時"（《乙未元旦仍用前韻》）、"十年抱石千尋峻"（《幽人》）這些詩句中去想象其雄壯與悲慨，磊落與嶔崎。然而我們也相信，殘稿與焚稿之間必然也有血脈相貫通。殘稿凡三百八十五題，有十多篇只存殘句殘聯，但大部分詩篇完整且能繫年。詩稿中始終貫注著復國救世的精神，處處透溢著極富個性色彩的峭勁崛奇之氣，堪稱為一部

---

7 陳璧《乙未秋湖上再哭張玉笥老師》，《陳璧詩文殘稿箋證》，上海古籍出版社1984 年出版。

復明詩史。

　　讀陳璧詩殘稿，不能不欽佩作者歷劫不屈的膽氣。"但知海外多龍種，豈識當今有帝王"（《和西頑行腳詩》），這是清初最忠憤膽張的詩語。"枕中長秘蟠龍敕，夢裏空彈獬豸冠"；"老當益壯英雄志，伏櫪還思一據鞍"（《出續夢詩示歸玄恭》）；"簾外滄桑山未改，壁中律令字仍全"（《壽家臣鵠五十》其二）；"高宗當日曾延祚，勾踐何年復進兵"（《吳山登眺》），"碧血未曾寒徹骨，白頭何敢換初心"，"生意尙存懷熱血，死心何敢撥寒灰"（《和西頑行腳詩》）……，字裏行間儘是碧血丹心。順治十三年（一六五六）歲末年初陳璧執筆題道："自甲申已往，除夕元旦必賦詩當哭，亦瞻風望氣，以冀小往大來，至今年而聲淚俱盡，不復撚鬚索韻矣……"。詩中放膽直書"一紀天心應復轉，江山曾得出風塵"，蕩清復國之意呼之欲出。清初江南賦額已稱極重，而又加派"耗增"。周夢顏《蘇松財賦考圖說》云："初定賦時，司農誤以前朝之耗米作正米，故耗外加耗，而平米大增。"如此蘇松兩府加至五、六十萬余石，重斂暴征，民累不堪，陳璧作《糧折耗增四倍本朝，而酷吏敲朴，又並征五載血肉，遺民罔不涕泣思漢，有感而作》詩云："年來民骨已枯憔，四倍加征五載敲。卻令東南千萬億，一時慟哭望前朝。"詩人思漢復明之情借憫農之聲而鼓蕩。寫此詩歲在丙申，爲順治十三年，仍徑稱前明爲"本朝"，確可見"餘生心死肯燃灰，百折千磨誓不回"（《東萊署中錢天來訊及甲申遺事未盡所言即席口占答之》）。在隱居期間昆良曾刻意集唐人詩句，所集之中尤著意于老杜，其原因詩人自道云："老杜思君每不忘，麻鞋露肘苦翱翔"（《老杜》）。顯然正是傳統的忠君愛國的思想深刻地支配著他，使他百折不回地戀闕戀主。至於那首追悼抗清烈士的《悲二劉》所云"二龍萬裏自高騫，血

戰玄黃不息肩。中斷雁行風隔浦，旋騎箕尾瘴連天。生平未了留
人補，姓字空期待史傳。哭殺英雄襟淚滿，招魂應到故人前”，
詩中沒有彷徨，只有前行的勇敢；沒有傷感，只有滿腔的悲慨；
沒有兒女私情，只有對復國英雄的禮贊！

　　陳璧是一位無意將騰騰欲噴的激情收斂在隱譎迷離的形式中
的詩人，但這並不是說詩人忽視藝術表現的推研。事實上遺民詩
作爲一個特殊歷史背景下的產物，“寓深意於形象”有著超越藝
術評價範疇的特別意義，因此殘稿中古木舊軒皆化爲慘苦泣血之
唱，山叢水流都瀰漫著英爽激越之氣。以下是他的《冰山》詩：

> 殺氣陰凝風雪乾，群兒獵取構奇觀。
> 月光白徹琉璃谷，燭影紅搖琥珀巒。
> 玉板更將銀板合，冰山直作泰山看。
> 明朝赤帝當陽照，消滅空成水一灘。（其一）

> 排風弄月起瑤台，抱石投瓊何處來？
> 碧海藏中千里結，鮫綃宮裏五丁開。
> 銀屏目眩人皆喜，雪窖魂消我獨哀。
> 十載冰天多少淚，也應積著幾千堆。（其四）

這組詩共四首，乃見群兒堆冰作山而借題發揮。首以“殺氣
陰凝”籠罩各章構成沈哀悲壯的氣氛，但“冰山直作泰山看”用
筆極冷峻、老辣。“明朝”陽光當空，冰山將化爲烏有，這是一
代遺民執著的希望。這種希望在第二首中表達爲“嚴威固結何多
日，只怕春來別有天。”但現實卻如第三首中所云：“欲登華頂
愁無路，望斷瓊林恨莫攀。”最後詩人掬出十載冰天之淚，言其
“也應積著幾千堆”，以哀詞作結。在喻體形象的變化中，詩境
從憤悱激越到折鬱悲哀，正勾勒出詩人從乙酉之變到癸巳歸隱的

心路歷程。讀陳璧的詩，我們自然注意到他隱居期間寫的一些山水題材的詩，這些作品採用“節抱青松風灑落，詩吟白雪字精神”（《歲寒吟》）的側面諷誦的手法來展示內心世界，如《題盆中虎刺》云：“一林古木鬱扶蘇，人擬雲林舊畫圖。樹樹葉擎新綠玉，枝枝針綴活珊瑚。蕭疏溪徑藏空谷，尖削峰頭似小孤。縮地遊神探至趣，盆中具有大江湖。”這是一幅人格化的縮微景觀，古木扶蘇中難以扼殺的生命正綻出新綠，空谷孤峰下溪流撞擊岩石迸出不屈的浪花。與陳璧殘稿中大部分帶著憂患色彩和悲劇力量的作品相比，這首詩是在蕭疏清迥中顯出人格的美感。再看“魚坎水中依古岸，鶴巢雪裏結青松”；“釣雨釣晴還釣雪，冰心一篇已忘機”，這些詩句似乎格外散淡脫俗，然而古岸青松、雨雪冰心所形成的高古靜穆的意境中，正清楚地映現著一個前朝遺民，一個抗清志士隱痛的心靈和狷介的性格。

三

　　在陳璧詩殘稿這部復明詩史中，大量的關於明王朝與清王朝的意象為表達情感起到了極為特殊的作用。鄧之誠先生在《清詩紀事初編》卷五“龍震”條曾經指出：“‘明朝’二字為當時厲禁”，故在詩文中明目張膽使用“明朝”一語的實在較少，因一旦有人捃摭及之，必大興文字獄無疑。其實，不僅“明朝”兩字連用為禁忌，即使“明”一字出現，同樣為興獄之禍由，但是在陳璧筆下“明”字頻頻出現，其中“分明”與“不分明”是一組十分醒目的語詞：

　　　詩亡大義獨分明，不徇時流賈利名。

　　　　　　　　　　　　《章式久風流雋俠一見知為賢豪》

　　百卉雕傷怯滿盈，亭亭秋菊正分明。

《楊爾璞齋中玩菊》

　　煙霧蒼茫罩古城，千秋王氣不分明。

《吳山登眺》

　　山河舉目不分明，那得林泉筆底清。

《出扇索仰二水畫作米家山水贈我信筆題四絕以答》

　　"明"若被分，則意味著大義亡佚，萬物凋傷。顯然，這凝鑄著"千秋王氣"的一片"山河"是永遠不可分的。除了"分明"與"不分明"外，"明"和"清"也構成了具有對照意義和鮮明感情色彩的一組辭彙，如《和家確庵贈藥庵和尚四首》（之一）云"繡佛焚修乾淨地，傳燈照徹晦明關"，《和西頑行腳詩》云"初春和煦陰將老，長夜迷離夢漸明"，《即事》云"六月文心冰雪清，青山綠水硯頭生"，《章式久風流雋俠一見知爲賢豪》云"文章醒眼杯中見，山水焦音弦外清"，《過吳君冊山房題贈》云"負郭連山斷市囂，風清似未隔前朝"……，這裏稱明爲暫時"晦明"而"夢漸明"，清是"外清"、"風清"，並意欲"雪清"，都表現出鮮明的"未降民"身份和決不肯向愛新覺羅氏族稱臣的感情。應當注意的還有一系列"明"與"清"對照之聯，如"人間乾淨幾無地，方外光明別有天"（《和西頑行腳詩》），"文心只許對神明，何必從人辨濁清"（《讀柳宗元詩有休將文字占時名之句有感而賦十絕即用名字》）。這是非常值得玩味的兩個聯句，如果把"人間乾淨幾無地"在後聯找個對應詞的話，那便是"濁清"，"方外光明別有天"所對應的則正是"神明"，這裏作者忠肝熱血、枯木向榮之情已躍然紙上。

　　作者復明的理想還常常貫注於"日月雙懸"的意象中：

　　雙懸日月風霾掃，重洗江山錦繡寬。

《出續夢詩示歸玄恭…》

春秋永著千年曆，日月雙懸四海燈。

《和西頑行腳詩》

何時日月雙懸皎，掃盡風霾笑米顛。

《出扇索仰二水畫作米家山水贈我信筆題四絕以答》

將來日月雙懸照，瞻仰巋然只魯靈。

《和葉白泉工部七十自壽詩二律次原韻》

同樣，"日月愁長詩裏度，集唐千首盡咨嗟"（《寄張培君》），"日月將來終皎潔，沈昏此際動愁腸"（《重陽前三日因續滿城風雨近重陽之句寄定齋弟》），無不寄託著對大明王朝復國的期待。在陳璧詩殘稿中，不僅"日"與"月"合爲"明"字，具有鮮明的象徵意義，大量的"太陽"意象同樣是一種暗示，一種指向，一種運用語言又超越語言的技巧，是詩人熱血煎膏化爲鐵石不屈的意志的表現。所有這些詩在清初厲民暴政之下，任拿出一句一聯都將如"明朝期振翮，一舉去清都"、"清風不識字，何必亂翻書"的作者，足以賈斬首戮屍之禍，然而在陳璧筆下卻如百川朝宗般地湧現，其發皇恢張，大膽直切，實在是清初詩界的一片壯觀，數百年之後也不能不令人驚奇而景慕。

對陳璧的詩，錢謙益《陳昆良詩序》評曰："其縱橫軒翥，負涵包孕如胡賈列肆，良藥醫籠，無所不有。俄而牛鬼蛇神，俄而風檣陣馬；俄而忠憤激烈，嚴霜夏零；淒清介獨，堅冰多冽。使人魄褫目眙，口呿頤解。至其閑情麗句，教妾持詩，如花同坐，可詠可圖，又香又豔。"牧齋推挹昆良爲清初虞山"雄踞詩人之右"者，特意爲之延譽。看來昆良當時詩作兼備各種題材、風格，數量亦多，惜佚失泰半（抑或尚另有殘稿存世），今已難窺全豹。但從現有的殘稿來看，確有一段奇光。在清初虞山乃至吳中遺民

詩群中，昆良堪爲嚛喑宿將，而陳璧詩所顯示出的遺民精神和遺
民文化，對於我們瞭解明末清初之際士人心態和當時整個社會文
化的動向，都具有一種不可替代的特殊的意義。

評《王漁洋與康熙詩壇》

清代前期詩歌研究近些年來已漸成熱點，這不但可以從嚴迪昌先生黃鍾大呂式的《清詩史》[1]中清初詩歌所占篇幅和深度研究中可以窺知，同時在劉世南先生《清詩流派史》[2]、趙永紀先生《清初詩歌》[3]、孫之梅先生《錢謙益與明末清初文學》[4]、張仲謀先生《清代文化與浙詩派》[5]、胡幼峰《清初虞山派詩論》[6]和朱則傑先生《朱彝尊研究》[7]等一系列頗有份量的著作中也都可以感知到學界對清前期詩史的關注。與過去研究有所不同的是，今天學者們似乎更重視文學史過程的研究，即沿著時間的序列，走進文學事件和文學情境中去，透視創作的具體實況，把握詩史遞進演變的脈搏，探求文學發展的深層本質。這既是以新視角審視歷史的自覺，也體現了研究理念和研究範式的轉換。在這方面人們記得蔣寅先生多年前對唐代大曆詩歌的研究曾開一時之風氣，近年來他潛心於清代詩學研究，作爲其中一部分成果彙集的《王漁洋與康熙詩壇》二〇〇一年九月由中國社會科學出版社出版，他在其中進一步演繹了"進入'過程'的文學史研究"理念，使這本雖然只有十八萬字的著作具有了厚重的學術含量。

---

1 嚴迪昌《清詩史》，臺灣，五南圖書出版公司一九九八年出版。
2 劉世南《清詩流派史》，臺灣，文津出版社一九九五年出版。
3 趙永紀《清初詩歌》，光明日報出版社一九九五年出版。
4 孫之梅《錢謙益與明末清初文學》，齊魯書社一九九六年出版。
5 張仲謀《清代文化與浙詩派》，東方出版社一九九七年出版。
6 胡幼峰《清初虞山派詩論》，臺灣，國立編譯館一九九四年出版。
7 朱則傑《朱彝尊研究》，浙江古籍出版社一九九三年出版。

一

讀《王漁洋與康熙詩壇》，我感到作者是一位具有“考古情結”，執著於以科學而嚴肅的“考古”工作爲先導的學者。蔣寅先生認爲“弄清一個文學現象、一個文學事件的來龍去脈，弄清一群人或一個人在某年月日的生活、言論和寫作，這對於文學史的研究顯然是有意義的”（第三頁），文學史複雜的運動和結果正包含在這些具體的人物活動中，也正體現出這些具體人物活動的意義。這種將文學史研究建築在實證基礎上的意識貫穿於全書始終。這裏應當提及他那本與該著合爲雙璧的《王漁洋事蹟徵略》，8 實際上這是從一九九〇年開始搜集資料，近乎“十年磨一劍”的成果。就我所知，王士禛研究在清代文學中是一個投入力量相對較多的課題，但在作家生平和文學活動方面的資料發掘工作顯然不盡人意。研究者涉獵的一般只有《王漁洋遺書》，亦不乏僅據乾隆間人編輯的《漁洋山人精華錄》和《帶經堂詩話》寫作論文者，這就導致王漁洋研究缺乏應有的深度和廣度，長期徘徊在比較平面的層次上。因此蔣寅先生在著手研究清代詩學之初，鑒於王漁洋在中國古代詩學史上具有集大成的意義，便以之爲中心搜訪康熙朝詩學的文獻，在廣泛調查國內外圖書館，閱讀千種以上文獻的基礎上，竭澤而漁地掌握了王漁洋傳世的全部著作，包括手稿和抄本的流傳、收藏情況，彙輯了大量有關王漁洋生平和交遊的資料，從中爬梳剔抉，排比參證，最終撰成四十余萬字的《王漁洋事蹟征略》。書中對詩人的生平事蹟尤其是交遊、唱和、評論等涉及文學活動的材料作了細緻考訂，很多有意義、有影響的文學活動都得以逐日詳細記載。這大量的資料系統化地連綴成一體，

---

8 蔣寅《王漁洋事蹟徵略》，人民文學出版社二〇〇一年出版。

便使王士禛畢生的文學活動和業績得以完整地呈現出來。可以說《王漁洋事蹟徵略》是一部信息量很大，足可作為康熙朝詩歌編年簡史看待的學術著作。其中雖有人們熟悉的一些文學史料，但也有大量由作者鉤沉、稽核的，目前人們還較為陌生的史實。以後人們當然還可以根據新發現的資料加以補正，但就此著本身來看，王漁洋一生之行實已是相當清晰了，與王漁洋創作和批評相關的一系列問題也隨之浮現了出來。蔣寅先生正是在這一潛入材料、沉潛邃密的"考古"式的前期工作基礎上"展開了詩史的皺褶"（第五六頁），或對學術界已經提出的問題作二度開發，深入研究，或以獨到的觀照提出新的觀點，拓展出新的思路。

在一系列屬於二度開發研究的問題中，清初"錢王代興"為學術界多所涉及。對於錢、王交替，學者們多據錢謙益的詩序，從繼承的角度來談王漁洋神韻論與牧齋詩學的關係，而作者在《詩壇盟主之代興》一章中通過細密考察錢、王兩人交往經過和相關背景材料，認為錢謙益當時既被視為文壇領袖和盟主，又背負著"貳臣"的名聲，因率先迎降獻納而為輿論所不齒，處境和地位都很尷尬，這就使得錢、王兩人在與對方交往時都採取了謹慎的態度。作者注意分析錢王"往來方式和文字意味十分微妙"之處，使得人們普遍意識到的王漁洋對錢牧齋前恭而後倨的現象得到了恰當的解釋。對王漁洋詩學與牧齋的關係，作者從承傳與反抗兩個方面加以討論，認為正是"影響過於強烈，強烈到漁洋自己都無時不意識到的地步，才使他產生一種本能的反抗意識"（第十五頁），通過對嚴羽的評價之異，漁洋在師承上將自己同牧齋區別開來，甚至對牧齋明詩研究的重要成就加以否定，對牧齋人格也給予了嚴格的考量。如果說接受牧齋的傳法衣缽是漁洋成為康熙朝詩壇新盟主的外在條件的話，反抗牧齋詩學，並在理論和創作實踐中大力提倡神韻論則是他坐穩盟主的主觀努力了。正因爲這種“反抗”持續時間長而且影響深遠，故蔣寅先生提出“清詩不是在錢牧齋手中而是在王漁洋手中展現出自己的面貌”，“對清詩影響更大的不是錢牧齋，而是王漁洋”（第二三頁）。這是一個新穎的觀點，雖然論證還可進一步加強，但無疑已自成一家之說，在對清詩發展及其特質的總體把握上提供了新的思想資料。

　　與《詩壇盟主之代興》相同，《王漁洋與清初宋詩風之消長》、《〈唐賢三昧集〉與王漁洋詩學之完成》等章節都能潛入史料，在重新發現的過程中體現自身的判斷尺度，提出新的觀點。如對於康熙詩壇的宋詩陣營與領袖，蔣寅先生通過歷時性地詳細排比王漁洋認識宋詩價值和提倡宋詩的過程以及詩壇對宋詩風反響的大量資料，確認了王漁洋在康熙詩壇對宋詩風的領袖作用，又以康熙二十二年七月與徐乾學、陳廷敬、王又旦、汪懋麟北京城南祝氏園亭“聚會論學”和其後“丁憂鄉居”爲消長之轉折，指出“在經歷宋詩的洗禮之後，他不僅認識到宋詩的局限，也在更高的層次上重新體認了唐詩的精神”（第三七頁），從而使我們聽到了漁洋返回唐音的步履。對於《唐賢三昧集》的意義，不少學者沿襲清人成說，往往以爲漁洋標舉神韻，專主于倡導淳古淡泊的風格理想，作者則通過對全書選目的檢討，提出“《三昧集》的意義在於適時地給詩壇指示了一條新路，樹立起表現取向而不是風格取向的詩歌審美理想——神韻”（第六二頁）。對於康熙詞學中興問題，蔣寅先生一方面沿著今人的思路進一步強調王漁洋在廣陵的詞學活動乃中興之契機，一方面基於王漁洋順治十一年至康二十八年詞學活動的梳理，提出“正是王漁洋直接煽起的填詞風氣，引發了以陳維崧爲首的陽羨詞派的群體創作，並同時在藝術上啓迪了以朱彝尊爲首的浙派的審美傾向”（第八三頁），這裏清詞

發展史的一個重要關捩得到了清晰的揭示。在全書中不僅上述具
有宏觀容量的史論性課題，即使是一些較為專門或具體而微的問
題，也有令人耳目一新的論析。如論清初填詞的時興乃在順、康
之交（第八三頁），王、趙始親終疏，恩怨主要起於性格、意氣、名
聲等非文學觀念方面的衝突（第九頁），《漁洋詩則》並非王漁洋手
編，或為趙執信編輯（第二二三頁），秋谷《談龍錄序》其語氣肆無
顧忌很像是漁洋下世後所為，"康熙己丑"的紀年如非文字有
誤，則很可能是假託（第一九四頁）等等。閱讀蔣寅先生清代詩學研
究的有關論文，我感到他似乎比在唐代文學研究領域更勇於追
問，勇於辯難，勇於論斷。然而只要看一下他在該書姊妹篇《王
漁洋事蹟徵略》後附錄的數百種"引用書目"，並體會一下一九
九七年在日本京都大學大學院擔任客座教授期間，他保留的京都
大學附屬圖書館和文學部圖書館三百二十五種清籍借書單的"厚
度"，便可以知道，其追問、辯難、論斷的力量首先源於對歷史
語境的期待和對大量文學文獻的長期沉潛研究所積累的學養。

二

　　當作者踏著大量文學文獻進入歷史語境時，便有了展開新視
角進行敍述和論證的憑依。蔣寅先生在這方面積極、敏感的觀照
使本書顯示出學術方法的特色，《王漁洋與清代古詩聲調論》和《王
漁洋藏書與詩學的關係》兩章是比較突出的例證。古詩聲調論是
王漁洋詩學的重要貢獻之一，也是清代詩學中難以回避的問題。
而事實上這一問題自劉大白《中詩外形律詳說》以來除語言學界
以及極少數前輩專家在早期研究中有所涉及外，當代批評史界一
直未予以必要的注意。應該說，有關古詩聲調論的眾多著作長期

以來都未被仔細閱讀，有些甚至束之高閣，久處塵封狀態，當然這一重要學說的發生、發展過程就無從梳理。鑒於此，蔣寅先生在深入發掘文獻的基礎上，對古詩聲調論的流變以"前《聲調譜》時代"、"《聲調譜》時代"、"續《聲調譜》時代"、"後《聲調譜》時代"、"新《聲調譜》時代"、"反《聲調譜》的理論"爲序進行了比較深入的討論，並藉以反思了清代詩學在這一問題上的學術方式及其在學理上的迷誤。其中對王漁洋"並沒有形成嚴密的理論體系"的"反律化的總原則"（第一〇七頁）的抉示，客觀而準確地評價了漁洋古詩聲調論的成就並顯示出王、趙詩學之間的關係。

　　如果說對古詩聲調論這類非常生僻和專門化的問題討源尋流，窮理致知，可以使王士禛研究走向縱深的話，對藏書與詩學關係的討論則以新鮮的思路拓展出王漁洋研究的局面。作者認爲，"文學傳統以經典化的方式影響文學史的進程。一個作家所讀的書，不僅關係到他所受的傳統的影響，也關係到他文學修養的形成和寫作素材的來源"（第八頁）。由於文化的積累和文明的提升，明清兩代已逐步形成書香社會的氛圍，尤其是清代藏書風氣特盛，許多學者、作家都是著名的藏書家。但目前明清文學研究界對"藏書家的文學創作"和"文學創作家的藏書"之間的關係，還極其缺乏研究。王漁洋不僅是清詩頂峰上的作家，也是清初著名的藏書家，蔣寅先生以之爲作家的創作與藏書關係的典型個案，細緻考索王漁洋藏書的來源與下落，辨析王漁洋與專門藏書家以及部分學者型藏書家的異同，從而分析了王漁洋藏書的特點及與詩學的關係，認爲（一）像大多數藏書家一樣，漁洋的藏書也是他作文獻研究的物件，催生了他的部分重要著述成果；（二）藏書是他研討歷代詩歌創作經驗，開展詩歌批評，著述立說的材

料和依據；（三）漁洋對宋元詩家及宋代文學流變的全盤認識直接
來源於藏書的閱讀。這是一個非常有意味而值得欣賞的典型分
析，這使我想到王應奎《柳南隨筆》卷五曾將"藏書之富"作爲
虞山文化傳統的重要表徵，其實進一步說也是清代虞山詩派發展
的極其重要的"文化之資"。研究"以學問爲根本"的虞山派是
決不能無視錢謙益的絳雲樓、馮班的空居閣、錢曾的也是園以及
毛晉的汲古閣所產生的作用和影響的，而對明清虞山這一地域詩
歌發展的考察則不能不全面關注明代錢氏（仁夫）之東湖書院、
楊氏（儀）之萬卷樓、孫氏（七政樓）之西爽樓、丌冊庋及清代
張氏（金吾）之愛日精廬、瞿氏（鏞）之鐵琴銅劍樓、席氏（啓
寓）之琴川書屋、陳氏（揆）之稽瑞樓、顧氏（湘）之小石山房、
翁氏（心存）之知止齋、孫氏（從添）之上善堂、趙氏（宗建）
之舊山樓和丁氏（祖蔭）之湘素樓等大量藏書樓所提供的學術和
文學資源的。這樣的例子在明清江南地區還可以舉出很多，由此
正可以看出蔣寅先生對王漁洋與其藏書關係的討論，不僅可使漁
洋詩學研究生新，局面開闊，對於研究明清許多作家、流派都具
有研究方法和思路方面的啓迪意義。

三

這裏也應該指出，雖然在《王漁洋與康熙詩壇》中，作者站
在純粹學術的立場，在提出鮮明的觀點時力求客觀、平允，書中
絕大部分論析確實材料堅實，推論足可信據，但注重在全部闡述
中維護評論立場和觀點的一致性時，也難免在有的問題上過於強
調自己所要突出的觀點，而不無排他色彩。舉一個例子來說，在
《王漁洋與清初宋詩風之消長》一章，作者確認王漁洋在康熙詩

壇對宋詩風領袖的作用，是有識見的，不過在推倒成說，即否定
錢謙益在這方面的影響時，論證卻不夠周密、辨證。作者說：“王
漁洋主盟詩壇近四十年，康熙朝的詩風演變與他有關是毋庸置疑
的。他自述宋詩風起於他的倡導，也並非過甚其辭。計東的話可
以證實這一點：‘自宋黃文節公興而天下有江西詩派，至於今不
廢。近代最稱江西詩者，莫過虞山錢受之，繼之者爲今日汪鈍翁、
王阮亭。(《改亭集》卷四《南昌喻氏詩序》)’錢謙益確實提倡
過宋詩，但他去世太早，康熙朝的宋詩風與他沒有直接關係。”(第
二八頁)

　　錢謙益在明末清初主盟文壇五十年，其時“海內之文人墨
卿，高冠長劍，連袂而游虞山者，指不可勝屈”(《初學集》卷三
十三《林六長虞山詩序》)，牧齋的詩論、文論可謂坐地四播。對
宋詩(包括元詩)的肯定和提倡是錢謙益最重要的文論觀點之一，
他亦藉此樹旗立站，排擊俗學，並力圖在近三百年來以盛唐爲宗
的詩壇輸入新的詩學思想，一變其風。牧齋下世於康熙三年(一
六六四年)，此時雖是康熙朝初年，但說“他去世太早，康熙朝的
宋詩風與他沒有直接關係”尚缺少充分的根據。[9] 從清初唐宋詩風
消長的實況看，他提倡宋詩產生實際作用恰恰不是在其生前，而
是在生後。四庫全書館臣在《精華錄》提要中說“當我朝開國之
初，人皆厭明代王、李之膚廓，鍾、譚之纖仄，於是談詩者競尙

---

9 從錢謙益與宋詩派陣營中黃宗羲、呂留良、吳孟舉這三位捲動大潮的驍將的關
　係看，三人俱交於牧齋，並直接受其影響。康熙二年梨州設館于呂氏梅花閣，
　旋遷吳氏水生草堂，與吳孟舉、呂留良、吳自牧聯床分槧，搜討勘訂《宋詩鈔》，
　據錢、黃年譜，正是康熙三年宗羲偕呂留良、吳孟舉等水生草堂選輯《宋詩鈔》
　的全套班子至虞山拜訪錢謙益。此行會晤的目的，孫之梅在《錢謙益與明末清
　初文學》第四章第二節指出，“他們這次拜訪錢謙益或尋訪宋人刊本，或磋商
　《宋詩鈔》的體例，或討論宋詩的成就，總之，這次會晤的主題應是《宋詩鈔》。”
　這一分析如成立的話，則從一個角度揭示了錢謙益與《宋詩鈔》編輯及其在康
　熙朝傳播並產生影響的直接關係，錄此供蔣寅先生參考。

宋元。"這一說法給人順治年間已形成宗宋趨尚的印象，其實是不準確的，《敬業堂集》提要"明人喜稱唐詩，自國朝康熙初年，窠臼漸深，往往厭而學宋"之說可以與張尚瑗《六瑩堂集序》"本朝三十年以前，蒙叟之旨未申，學詩者猶王、李也，今而宋元詩格，家喻戶曉"以及時人許多評論相互參證，能讓人憑信。由此可知，康熙十二年以後，錢謙益提倡宋詩之旨才真正得以伸張，並產生作用。對宋詩熱在全國興起，毛奇齡站在反對立場說"推其故，大抵皆惑于虞山錢氏之說"（《西河文集》序十一《蒼崖詩序》)，這種"歸罪"錢謙益之論正是從另一個角度給予的佐證。當然，蔣寅先生所論證的王漁洋在康熙詩史上的領袖和導向作用，無疑是可以糾正過分強調牧齋詩學影響的片面性的，只是具體到康熙朝宋詩風興起和擴大這個問題，承認與錢謙益這一首倡者的直接關係和承認王漁洋這一新的主盟者的領袖作用並不矛盾，應當包容、系統、辨證地看待這段詩史。

另外，本書在個別資料利用和處理上也有不夠妥當之處。如第二章第一節曾證明康熙十五、十六年間王漁洋在戶部四川清吏司郎中任，"才是漁洋倡導宋詩的時候"（第三一頁）。計東（草甫）是康熙十五年辭世的，如上文所示，同一章節卻又引草甫《南昌喻氏詩序》中的言論來證實王漁洋"自述宋詩風起於他的倡導，也並非過甚其辭"。我想，如果不是對王漁洋倡導宋詩的具體時間的認定有誤的話，就是對計草甫此語含義的理解有不夠確切之處。在第一章第一節作者還提到，錢謙益編撰《吾炙集》曾采漁洋詩若干篇，"但不知何故，今存《吾炙集》各種版本中都沒有漁洋詩。也許今傳《吾炙集》是殘缺不全之書吧"（第九頁）。關於這一問題光緒末年徐兆瑋在該書跋語中曾提出，集中無王漁洋等人詩，"毋乃與虞山選詩之旨不合，故始取而終舍之"，此亦可備一說。今一併抄錄，供蔣寅先生斟酌取捨。

　　清詩研究在整個中國古代文學史研究中是一個比較年輕的學術方向，許多進入這一領域的學者們都在思考一個問題：清詩應當怎樣研究？研究清詩最大的優越條件是相關的文學和史學文獻較爲豐富齊備，正如蔣寅先生所說，研究上古和中古文學，"一些有意思的看法只能停留在初步推測和假說的階段，一往深論便苦於文獻無徵，難作定讞"，而"在清代，只要肯去翻書，肯思考，幾乎沒有弄不清的問題"（第二二七頁）。這實在是歷史對清詩研究者的厚賜了。面對這份厚賜，研究者應有一種敢於潛入文獻、征服文獻的氣度，建立起有別於清前文學史研究的對資料系統梳理、對問題系統研究的格局。在這方面蔣寅先生的《王漁洋與康熙詩壇》及其姊妹篇《王漁洋事蹟徵略》做了很紮實的工作，顯示出鮮明而獨特的學術風範，具有示範意義。正因爲如此，儘管《王漁洋與康熙詩壇》或有微瑕，同時在對康熙詩壇的全景觀照方面還稍顯不夠，許多在《王漁洋事蹟徵略》一書中展示出的金台詩群和遺民詩群的活動，尚未在本書中體現出文學史層次的思考成果，《徵略·自序》中提及的漁洋"將明代的單純擬古轉化、改造爲深度的師古，並力求營構新的藝術風貌"這一富有灼見的論點在本書中也未及充分展開，但我們對這一份走過漫長的文獻道路，沉靜思考史實而產生的思想結晶應當給予充分尊重和高度評價。蔣寅先生目前正在展開康熙朝詩歌的進一步研究，並有志撰寫一部清代詩學史，從《王漁洋與康熙詩壇》到《清代詩學史》雖然還有一段修遠之路，但我們有理由期待他的成功。

清代虞山詩派的創作氣局

　　虞山詩派是明末清初形成於江南的一個地域性詩歌創作群體，初以錢謙益爲宗師，成員多爲遺民。當馮舒、馮班成爲有力的輔翼後，詩派形成了規模，在與以陳子龍爲首的雲間派和以吳偉業爲首的婁東派相形鼎立未久，即雄視東南，一時虞山地區儼然成爲一個衆山朝岱式的詩學中心。嘉慶前後，流派曾一度中衰，至近代一批傑出詩人崛起，踔厲風發，蔚成聲勢，以卓犖恢奇的姿態結虞山詩派之局。與清代衆多流派相比，虞山派是一個在經濟、文化特別發達地區產生，具有地緣環境優勢的詩人群體。氣局之大，承傳之久，影響之巨，在中國古典詩歌發展最後近三百年的歷史上，是一個相當突出的現象，對此人們關注得很不夠。

　　研究虞山詩派當自“正名”起筆。[1] 一般認爲文學流派其內部成員應當有基本一致的審美取向和基本相同的理念追求。然而王應奎在《柳南隨筆》卷一卻指出：“某宗伯詩法受之于程孟陽而授之于馮定遠。兩家才氣頗小，筆亦未爽健，纖佻之處，亦間有之，未能如宗伯之雄厚博大也。然孟陽之神韻、定遠之細膩，宗伯亦有所不如。蓋兩家是詩人之詩，而宗伯是文人之詩。吾邑之詩有錢、馮兩派。”柳南此處明稱“兩派”，那麼能否以“虞山詩派”的概念一統而論？進一步地說，錢、馮及其流裔在詩學觀

1　“虞山派”之名最早由沈德潛題名而定，《國朝詩別裁集》卷四論錢陸燦云：“湘靈爲牧齋族子，然其詩不爲虞山派所縛，別調獨彈，戛戛自異，毗陵學詩者大率多宗之。”

念和審美取向上是否有一致之處呢？論述虞山詩派，這些基本問題似無可回避。

　　流派是如何形成的？簡言之，作家“因情立體，即體成勢”[2]，相同或相近的“勢”彙聚爲群體的“勢”便自成流別了。應當注意的是，這裏所說的“彙聚”是以對創作態度、學術修養、審美趣味和藝術風格諸方面特徵的可容性爲條件的，而不一定以其一致性爲前提。如果我們從較早的宋代江西詩派到晚近的語絲派作一些抽樣分析的話，可以發現各個流派的整體構成遠比人們想象的要複雜得多。一方面正像物理學上的同異關係一樣，絕對的“同”並不構成相互吸附的條件，同中有異，異中有同才能彼此吸附，形成組合；另一方面，任何流派只要延續和發展，就必然會產生某種變異，可能是個別特徵、一般程度的變異，也可能是在某些特徵上發生較大程度的變異。變異是流派發展的動力，也是流派具有活性的標誌。從這一角度來看，前引王應奎《柳南隨筆》所謂“錢、馮二派”說，實際上正是指他們在語體品格、創作風格方面有所不同，這種不同的存在正是虞山詩派兼容乃大的條件，它也使虞山後代詩人繼承、發展、超越成爲可能。辨識這一群體的創作特徵和氣局是把握其承傳發展脈絡的關鍵。那麼虞山詩派能夠交互相容爲一個“文學共同體”的基本特徵有哪些呢？一曰學人氣度，二曰西崑風調，三曰現實關懷。以下逐一論述。

一

　　徐世昌《晚晴簃詩彙》卷十九云：“牧齋才大學博，主持東

---

2 劉勰《文心雕龍》，人民文學出版社 1981 年出版,第 339 頁。

南壇坫，爲明清兩代詩派一大關鍵。"這裏爲強調錢謙益在明清詩史上的轉關作用而特別突出他"才大學博"，是頗可玩味的。其實最可體味的正是表現其腹笥深厚的"學博"二字，才大易爲詩人之詩，學博可成學人之詩，合二者於一身，便挺峙高峰，形成了迥別于朱明二百多年詩界主流的風貌。以學博作爲詩人創作的條件，一方面是爲了克服明人空疏不學和淺俗油滑的積弊，具備"別裁僞體"的學力基礎。"古學喪根幹，流俗沸蟪蛄。僞體不別裁，何以親風騷。"[3] 另一方面是爲了使邁向宋詩的步履更加堅實。在唐詩、宋詩建立了兩大詩學格局，幾乎囊括了各種詩學範疇、詩法家數以後，要想超離於這兩大格局而另闢天地真可謂舉步維艱，一切新變的明智的努力都在於對兩大格局重新體認和融通。唐詩如禪，深玄窎遠，宋詩如淨，含容廣大，惟禪惟淨皆未必堪稱通慧，唐宋並舉，"禪淨雙修"，則可以創造寬廣的詩學空間。牧齋是深知明人惟唐是法，法唐而贋，自狹詩道之弊，並清醒地認識到要拓寬詩途則應當接納宋詩的。而宋人好以文爲詩，重義理表達，喜疑古翻案，善內省議論，常常以理性化的思維來進行詩歌創作的運思，都體現出鮮明的學人素質。因此要使接納宋詩的方略在建設清詩新格局中顯示出積極的效果，"才大"還必須輔以"學博"。客觀地說，在清初詩壇學問廣博可與牧齋儷立者實在寥寥無幾，而能以學問運思於詩歌，既嫻於唐詩又可遊刃于宋元者，更惟牧齋獨步。

　　二馮與牧齋有所不同。馮氏雖然同樣反對七子派專以盛唐爲宗，但也不以牧齋導入宋詩爲然，而是以晚唐溫、李爲範式，其根系遠及六朝，錢謙益在《馮定遠詩序》中即指出："其爲詩沈

3 錢謙益《古詩贈新城王貽上》，《有學集》卷十一，上海古籍出版社 1996 年出版。

酣六代，出入於義山、牧之、庭筠之間。”但是如果研究者過分誇大錢、馮之間的差異性而忽略他們之間存在共同性的一面，這在認識上也未免偏頗。二馮具有獨特的個性，藝術氣質和詩美理想與牧齋不盡相同這是事實，但他們生長于海虞，與牧齋具有共同的地域文化環境，處於明清之交，都受到時代性的質疑思維方式的影響，並且二馮都爲錢氏門人，親炙錢學，因而在詩學觀和創作傾向上與牧齋有相同或相近之處是自然而然的，這從“學人氣度”方面便可窺知。首先，馮氏兄弟都具有良好的學人素質。牧齋有《馮己蒼詩序》讚賞馮舒“枕經籍史，肆志千古。其爲學尤專於詩，其治詩尤長於搜討遺佚，編削僞謬。一言之錯互，一字之異同，必進而抉其遁隱，辨其根核。”這種學風正與牧齋所提倡的“先箋疏而後辯論”，“先證據而後發明”的學人品質契合。[4] 其次，他們都激烈地貶斥七子派和竟陵派的淺俗，重視讀書，提倡博通經史。《鈍吟雜錄·家訓》云：“吾家以讀書相傳”，“儒者之業，莫如讀書”，“不讀書何以知聖人之道。”牧齋論詩法以“識變”二字爲秘要，每以之授于門人，馮班尤受啓迪，嘗云：“錢牧翁教人作詩，唯要識變。余得此論，自是讀古人詩，更無所疑。讀破萬卷，則知變矣。”另外，二馮同樣以嚴羽《滄浪詩話》爲詩學之謬，在這方面，已不止於接踵牧齋。只看馮班所著《嚴氏糾繆》之名，便可感知其欲駁欲詆的聲色之屬了。他對滄浪的駁難主要從兩個方面展開：一是以禪喻詩的不當，一是詩體論的錯誤。前者是將牧齋有關論述進一步加以闡揚，後者則多爲馮氏獨自的見解。其實定遠是否深於禪學，精於詩體，其所論是否有“刻舟求劍，死在句下”之嫌，大可討論，[5] 但須知自明成化

---

4 錢謙益《王淑士墓誌銘》，《初學集》卷五十四，上海古籍出版社 1985 年出版。
5 錢鍾書《談藝錄》，中華書局 1984 出版，第 100 頁。

以來對滄浪的態度實際上體現了對七子派提倡的"詩必盛唐"的態度，馮氏力斥滄浪正是自覺地與牧齋成一隊，爲牧齋鼓與呼，其門牆、宗派意識是顯而易見的。其極詆滄浪論詩腳跟未曾點地，多少也透露出一些學人之氣。

　　錢謙益首開清代虞山學人之詩的傳統，經嚴熊、何雲、陸貽典、嚴虞惇、汪應銓諸家一脈承衍，至乾隆朝陳祖範再造峻極。祖范字亦韓，號見複，雍正元年（一七二三）舉人，在雍正一朝和乾隆前期有"海內經師"的隆譽。他與沈德潛友善，然其人未可簡單歸之於格調派。據袁景輅《國朝松陵詩徵》記亦韓教習經史事："條分縷析，晨夕指示，並手授《左》、《國》、《史》、《漢》諸批本，使熟玩之。曰：'作文本此乃有根據，然須尋研其入理造微之處。若但掇拾詞句之查牙險澀，影合而塗附，是務華而失實也。'"其學人風範可見。亦韓爲人耿介不阿，風節清正，詩作文質相宜，風韻清絕。《四庫全書總目提要》對亦韓詩有"直抒胸臆，不煩繩削，于古人中去白居易爲近"的評語，誠然望道可見，但細勘其《詩草》，清淡平直處似白、理趣溢透處近蘇，《悼亡》"悲思三月損容肌，霜益粘須鬢益絲。恐負生平憐我意，從今忍不復相思"；《偶成》"閑生煩惱因觀史，懶更推敲廢詠詩。喜有寒梅能解事，十分春信到南枝"……頗能感觸到白、蘇風概遺韻。入清百年後，陳祖范爲虞山詩派祭酒，雖然創作成就未可與牧齋比肩，但二人皆淵綜廣博、腹笥深厚，俱有器大而閎的學人氣度，出唐入宋的開闊詩境。而牧齋詩時見逞才數典，使事過於繁縟，或有意脈不貫、生硬牽裾之嫌，亦韓卻用典平易，詞必立誠，清真自然，在一定程度上能矯牧齋之失。

　　牧齋、亦韓一路迤邐而入近代，對宗汝成、翁同龢、沈汝瑾影響最大。同龢在近代史上有著重要地位，詩、文、詞各體兼擅，以詩最工,足名一家。他非常推重錢謙益"根柢盤深",《瓶廬詩》抒情性和說理性大冶熔鑄,詩法力追昌黎、山谷,爲一時斯文宗主。邵松年則認爲其詩"宏深淹博,筆有奇氣,多與蘇公相類"(《瓶廬詩補遺序》),這在一定程度上與牧齋、亦韓的風格相近。汪國垣《光宣詩壇點將錄》對同龢詩有"風骨遒上,餘事作詩人,非學裕識廣,辟易千人者,固未足語於此"之評,"學裕識廣"而"餘事作詩人",則已與衆多"詩人之詩"區別了開來。

<h2 style="text-align:center">二</h2>

　　"詩家總愛西崑好"在元明兩代並不是普遍的現象,李商隱詩在元、明兩代的地位和影響,隨著當時詩壇接受晚唐詩的程度而升降。到了明末清初這種情況才發生了帶有根本性的變化,並使得李商隱詩在有清一代都受到寶愛。據陳伯海、朱易安所著《唐詩書錄》,明代李商隱詩箋注本只有四本,而清代有二十五本之多,清人重視義山詩的消息從這一數位的對比中是能夠感受到的。

　　如果要考究清人崇尚西崑的"風源",則不能不注意到清初東南詩學中心虞山,而開風氣者卻是很少被人提及的釋道源和虞山詩派中人錢龍惕。據《有學集》卷二十五《石林長老七十序》和同集卷三十七《石林長老小傳》,可知石林名道源,俗姓許,婁江人,萬曆丙戌(一五八六年)生,中年居海虞禪林,是牧齋唯一的方外友人。錢龍惕字夕公,爲諸生,有時名,屢躓場屋,遂謝去舉業,刻意爲詩。明末虞山好讀義山詩已漸成風氣,夕公自少喜好,"往往不得其解",在以隱事僻義多方請教、諮詢的過程中結識了石林長老。其時石林正在箋注義山詩,"取李集一編,隨事夾註其下",夕公建議石林欲注義山,當先著手人物行年和相關歷史事件的考據。以後石林屢以見問，夕公"因取新舊《唐書》並諸家文集、小說有關本詩者，或人或事，隨題箋釋於下……得上中下三卷，以復石林長老。"石林的義山詩注經夕公襄助，順治五年前得以完成，　而此時另一著名學者朱鶴齡也在箋注李商隱詩，在得到道源、夕公箋注本後，"歸而錯綜讎勘，綴集異聞，敷陳隱滯，取源師注，擇其善者，爲之剗其瑕礫，搴其蕭稂，更數歲而告成。於是義山一家之書燦然矣。"6

　　朱鶴齡箋注本的出現極大地刺激、推動了萌動中的李商隱研究，在乾嘉之際幾成藍本。朱注與道源、夕公箋注顯然有一定的關係，而將兩者聯繫起來並爲之彰揚的正是錢謙益。義山詩是錢謙益的詩學淵源之一，由義山而窺少陵堂奧正是牧齋研治杜詩的學術途徑。他曾有手抄《李商隱詩集》三卷傳世，　在明末清初錢謙益可謂一位"苦愛義山詩"者。以牧齋文壇盟主的地位，以及與道源、夕公的交誼，他們都必然要向他請序，牧齋自然允諾。在《注李義山詩集序》中，牧齋肯定了他們爲義山詩的"翻案"，進一步抉發其"婉變托寄，隱謎連比"，"忠憤蟠鬱，鼓吹少陵"之風雅意蘊。嗣後，在朱鶴齡入錢氏紅豆莊補箋杜詩完成並開始了義山詩箋時，又"取源師遺本以畀長孺"，待鶴齡完稿後即作《朱長孺箋注李義山詩序》加以闡揚。牧齋對義山詩學的推動無疑對海虞詩人追步西崑產生了重要影響。

　　在考察虞山這一"西崑風源"時，二馮自然進入視野並佔有重要地位，他們的創作風格，包括《遊仙詩》的寫作，已不啻在清代虞山詩史上成爲典範。馮班是接武牧齋而祭李商隱的，然而馮氏崇尚西崑與牧齋推崇義山有所不同。牧齋重義山但無意爲西

6 錢謙益《朱長孺箋注李義山詩序》,《有學集》卷十五，上海古籍出版社 1996 年出版。

崑體，而馮氏並不走"躋義山，祧少陵"一路，在批點《才調集》時甚至認爲"杜不可選也"。他是把義山與溫庭筠相提並尊，由此上溯齊梁，祖祧徐、庾。馮班在《同人擬西崑體詩序》中曾這樣描述少年以來作詩氛圍："余自束髮受書，逮及壯歲，經業之暇，留心聯絕。于時好事多綺紈子弟，會集之間，必有絲竹管弦，紅妝夾坐，刻燭擘牋，尙于綺麗，以溫、李爲範式。"這種群體好尙也決定了馮班的作詩範式，以後馮班"教人作詩，則以《才調集》、《玉台新詠》二書"。7 此二書歷來被看作時代晚暝之調，非盛世鴻業之聲，而馮氏則另有見解。他認爲"蓋徐、庾、溫、李，其文繁縟而整麗，使去其傾仄加以淳厚，則變而爲盛世之作。" 8 顯然繁縟整麗、文采華美馮氏並不反對，反對的是內容淺薄，強調的是比興美刺。基於這一認識他認爲婉變托諷、沈博絕麗的西崑體完全可以成爲理想的詩歌範式，而"今日耳食之徒羞言崑體"的偏見應當糾正。馮班的這種詩學觀念在當時激起了陣陣回音，趙執信的《談龍錄》和吳喬的《西崑發微》反應得最爲顯著，馮班的"西崑情結"及其有關見解，正是得力于趙、吳而在更大範圍產生影響。

清初虞山詩人趨向西崑主要有三個方面的原因：一，在將七子派的詩歌創作貶斥爲"僞盛唐"的同時必須易以新幟，而用"真晚唐"取而代之，能爲詩歌創作拓開新路。二，在明清易代，異族入主中原之初的險惡政治環境中，衷曲難以直達，而婉曲比興，既可宣泄"忠憤盤鬱"之情，又可避禍全命。三，對於大都生長於綺紈，長期生活于江南吳中綺麗優美環境中的詩人群體，崑體是一種娛樂性和競技性很強的藝術形式，藉此可以培養藝術

---

7 王應奎《柳南隨筆》卷五，借月山房彙鈔本。
8 馮班《陳鄴仙曠穀詩序》，《鈍吟老人文稿本》。

感受，衡量藝術水平。正是這諸多因素形成了在虞山地區"西崑體詩"足以與"學人詩"抗衡的局面，並且在清初和近代這兩個抗清、反清激流湧動的特殊歷史時期，出現了兩次西崑體盛行的高潮。

第一次高潮以馮舒、馮班兄弟爲中堅，詩學經馮班指授且被"深器之"的陳玉齊、戴涺、瞿嶧、陳協、馬行初、龔庸等趨而附之，另外黃儀、周槇、陳凡、瞿師周諸人雖未炙鈍吟之學，但詩宗晚唐、尙崑體，也爲馮氏起到了推波助瀾的作用。這次高潮對虞山詩文化的建構產生了很大影響，以至有清一代崑體在虞山都是一種傳統的詩歌範式，一種具有強勢的詩學"基因"。到了光宣間，同光體在詩壇正佔主流地位，在虞山詩人中恰恰形成了第二次西崑體創作的高潮，其時張鴻、徐兆瑋堪稱中堅。鴻字映南，號璐隱，光緒十五年（一八八九）舉人，官至內閣中書，戶部主事，曾出任日本長崎領事。兆瑋字少逵，號倚虹、虹隱，光緒十六年（一八九〇）進士，選庶吉士，授編修，曾赴日本學習法政。張氏官京師時與徐氏及吳下汪榮寶、曹元忠結社酬和，大唱西崑而相戒不作江西語，因所居處爲西磚胡同，故刊《西磚酬唱集》，希風北宋初錢、楊諸公酬唱掇英之意甚明。張、徐之後，孫景賢、楊無恙再度宏衍西崑。景賢字希孟，號龍尾，自幼隨父國楨遊學京師，是張鴻的弟子，曾隨從張鴻東渡並供職。受其師影響，爲詩亦宗李商隱，且較之張鴻更專精獨旨。《客有道秋舫故妓事者感歡賦成四律》爲感賽金花事而作，用典而不堆垛，諷事而不著痕迹，神似義山，幾達化境。楊無恙，字冠南，號讓魚，家富於貲，少任俠，中歲方折節讀書。客于滬上時，見賞於董康，故能以私人記室身份隨行日本。早年在虞山學詩自西崑入手，宗尙在李商隱，沈博絕麗處見出虞山詩派本色，後期揉義山與山谷於一體，詩風一變。

近代虞山崑體詩人雖然是與清初流派一脈相承，但他們不像那些遺民先賢長期隱居局守海隅，大都走出了虞山，走出了江南，面向著世界，因而創作的氣局都有所不同。再則他們經歷著中國近代史上的風雲激蕩，經受著與清初詩人不同的血火淬勵，因此雖然同樣師範李商隱，但時移世遷，風格侵變，崑體的那種典麗深微的"隱謎"氣息已趨薄弱，"老瓶"中裝進了更多的可以解析和領悟的社會現實的內容，在思想和藝術方面，無疑都進入了一個新的境界。

三

在經歷了天崩地解的易代劫難後，錢謙益和一批遺民長期隱居在家鄉林下水邊。他們蒿目時艱，十分關注國家和民族的命運，不但錢謙益用《投筆集》這一詩史式的"絕大著作"記錄了投入反清鬥爭的生活，還有更多的詩人都直面現實，展現社會瘡痍，人生疾苦，抒發強烈的興亡之感，筆下紙上浸漬著蒼生的血淚，捲動著時代的風煙。這一時期的創作形成了貼近生活，心繫國運，關懷人生的詩歌傳統，表現出強烈的徵實傾向和詩史意識。這種傳統和傾向與虞山文化中的實學精神相一致，在近三百年的歷史變動中，歷經淬勵，不斷發展和昇華。

遺民詩群是王朝末悲風慘雨催生出的特殊的詩群形態。虞山因文化發達、山水優勝，梵宇較密，因而遺民詩人聚集較多，亡國之恨，故國之思在清初成爲虞山詩壇的大合唱。且看馮舒《乙酉新歲感事遣懷》之十："庾信哀南賦，新亭望北悲。古今同此恨，老賤竟何爲？"《丙戌歲朝》："起看曆本驚新號，忽睹衣冠

換昨年"（其二）。"乙酉"是順治二年，"丙戌"是次年。當時
清廷正以高壓強制手段推行剃髮改裝。詩人既悲慨於"蕭蕭短
髮"，又爲國號新、漢服換而"驚"，然而仍然大書干支記歲，
不列新朝國號，並且堅誓甘以血淚"洗淨一尺三寸汗腳泥土辱"
（《賦得濯足圖》）。後來馮舒被貪官邑令迫害身亡，亦與如此所謂
"語涉譏謗"有直接關係。但刀風槊雪中遺民詩人抒懷依舊，虞
山派中那位"別調獨彈，戛戛自異"的詩人錢陸燦唱出了"南朝
有片秦淮水，歷歷興亡淚滴成"（《重答孫蕉巷年兄芥閣》）這悲
痛欲絕的聲音；"爲人有志節，鼎革後焚棄儒衣，屏居野處"的
湯日新則時時"北邙風景動悲歌"（《書懷用夜話韻》）。陳璧是牧
齋門人，其詩稿殘闕，順治初年的詩已蕩然無存，然寫于順治十
一年（一六五四）"啼鵑滴血聲聲哭，老驥臨風日日嘶"的殘聯仍可
讓人想見他換代之初泣血椎心的悲慟。清兵打過長江後，江南各
地慘遭殺戮，虞山許多遺民詩人目擊劫難，以凝重的史筆載之詩
卷。如黃卷《感懷》記云："一夜江南潮有血，姑蘇新築骷髏臺。"
馮舒《雪夜歸村中即事》全用少陵筆法："憶昨前年七月半，殺人
不異屠犧牲。只今白骨竟何在，無乃冰雪相支撐。"這撫傷掬血的
實錄真足可入史。

　　先憂蒼生疾苦是中國傳統"詩道"，在虞山詩人筆下常有關
懷民瘼的心音。江南是織造手工業發達地區，一些虞山派詩人多
接觸這類題材，描寫他們"當窗織，淚偷拭"，"歎息復歎息，
悲苦填胸臆"（龔廷煥《當窗織》），頗爲感人，但更多的詩人常
常把目光投向鄉村的貧苦百姓，錢曾長達一千三百多字的《問月
詩》和馮舒的《吳農歎》可爲清初代表作。"吳農賦命薄，下田
盡沮洳。況此經離亂，連歲商羊舞。出門泥滑滑，舉趾無干土。
豈期五月初，預征急於火。吏呼一何怒，官符紛似雨。鋃鐺入縣

署，縣吏冠而虎。……嗟我吳中農，時命邃如許。呼天天不聞，叩地地不語。"（《吳農歎》）讀這樣的詩，自然使人想起杜甫的《石壕吏》和李商隱的《行次西郊作一百韻》，一脈相傳的現實關懷的激情再次奔瀉在詩人筆下。他譴責虎狼船的縣吏征役之苛急，逼得農民傾家蕩產，最後嚴辭責問："民窮至於斯，托國將何所？"他發出警告：恃仗武力之威肆意掠奪，天意難容。一旦百姓無法忍受，必定會起而抗爭！這類憫農詩的作者嘉慶間有王家相。單學傅《海虞詩話》稱其詩"作法出於吳竹橋師，清雅和平"，然而接觸到這類題材時則爲不平而鳴之聲。如《水車謠》寫"火雲日日燒肌膚"時農民"此時勞苦不得舒"，而"他日官吏來催租"卻"米無麥無。"筆底心音，堪稱顧況、白居易新樂府之嗣響。近代反映民生苦難，揭露統治階級罪惡的寫實性詩篇在虞山派中頗多力作，翁心存《朐陽紀事詩》以長篇巨制聳立道光詩壇；沈汝瑾《鳴堅白齋詩刻》中這類作品亦爲數不少，《祈雨歎》、《舟中觀刈禾》、《納糧謠》、《苦旱行》、《風災行》、《貧交行》等篇，遠追杜甫，近承吳嘉紀而有所出新。錢師仲聯評曰："虞山近百年中，能爲清真樸老雲山韶濩之音者，獨有他一人"，更推其爲近百年虞山詩派"第一流"，[9] 這是允當的歷史評價。

虞山詩人對有清近三百年現實生活的反映是多方面的，吏治腐敗、軍隊窳壞、民風不淳、道德淪喪，沈屙惡疾無不被指斥。曾入幕從軍滇南的瞿有仲《從軍雜詩》云："三軍殺一人，便足報大捷。不見敵而還，奏凱成侯業。"吳峻《長溪嶺》云："生能殺賊死殊倫，父子同捐八尺身。二百年來教忠孝，可憐盡日只朱陳"，把軍官窳惰畏戰，舞弊邀功的情狀描寫得淋漓盡致。沈汝瑾《朝議》云："風雪邊城戍，瘡痍痛哭聲。深宮正開宴，歌舞

---

9 錢仲聯《近代詩鈔》，江蘇古籍出版社 1993 年出版。

樂升平。"詩人用冷峻的筆法，使朔風厲雪中戍邊者的嗚咽與皇宮宴樂，歌舞熙悅形成了強烈的對比，其意不止揭露吏治糜爛，"朝議"一題直接把筆劍指向了"除富貴而外，不知國計民生為何事"[10]的朝廷權貴。晚清社會人心不古，道德力量衰退有甚於晚明，虞山詩人對末世各種怪誕醜惡的現象都有強烈的抨擊。黃人素有"狂生"之稱，人奇才奇，筆鋒最銳。他的《詭詞》堪稱警世奇文，所云"鸞鳳憔悴，青蚨為瑞。倫常敗壞，家兄自貴。郊社何靈，有神罰鍰。不問貧何罪，請君一登銅山巔。雞犬升天，媸厲增妍，盜蹠長年。盲聾變婁曠，蹻蹠呼聖賢，楦麟土狗才如仙"云云，實乃晚清畸形社會的真實寫照。

　　詩是詩人對人類生活和生存發展環境的獨特感悟和評價。詩不同于史，詩人對世界的記錄和表述本應與史家不同。但是中國詩人歷來都具有一定的"史官文化"的基因，歷史急遽劇變的風雲常常激發起他們驚秋救世的人文關懷，促使他們將"詩"向"史"靠攏，杜甫以後這種現象尤為突出。在近代鴉片戰爭的詩潮中，虞山詩人就較多地採用史家手法來表現那段災祲頻告，海氛突揚，民族被難，時事多艱的歷史，"作詩自注"一時成為新體。如吳嶰《吳淞口》（之一）感于陳化成"不負功名斷白頭"而作，注云："夷陷寶山縣城，提督陳化成戰歿於吳淞口。兩江總督牛鑑先遁，退保江寧。夷索五十萬金贖城，比戶逃亡殆盡，潰卒沿村劫掠，尤甚於夷。"以詩與注相輔互補，在歌頌抗英民族英雄時，一邊揭露帝國主義者恃仗武力而強盜般地攫取，一邊暴露了清軍朽兵的貪婪掠奪。詩人用徵實的手法，紀事的形式來寫，足以駭聞驚世。《海氛紀事》、《乍浦吟》、《秋感》、《金陵感事》，每詩之後附有日記式的自注。其事為作者所親歷，因事賦詩，就

---

10 魏源《魏源集》，中華書局 1976 年出版，第 66 頁。

詩作注，兩者互證，"詩"自有其感人的文學價值，而"事"又有了"可存之于史"的史料價值。其後甲午戰爭又一次捲起了愛國詩潮，一些步入政壇的虞山詩人備感列強淩辱，深恨政治腐敗，拿起筆來記錄時事，表達民族情緒。如張鴻于戰事起時慷慨踏入康梁公車上書言戰行列，[11] 後有《甲午七月感事》云："腰佩金魚曳玉珂，平章國事問如何。孤軍海外爭生死，宰相堂前自嘯歌。"《甲午九月出都》又云："漫說鳳池添姓字，驚聞鱷海起波瀾。請纓枉被嗤風漢，籌國原知有達官。"顯然"孤軍海外爭生死，宰相堂前自嘯歌"一聯從高適"戰士軍前半死生，美人帳下猶歌舞"點化而來，將李鴻章罵了個透徹。詩人一派金剛怒目，不用隱文譎喻，鬱怒憤懣直泄而出。"請纓"一聯，矢志報國的激情和報國無門的感憤，字字千鈞地刻在紙端，作者也永遠成爲歷史的見證人。

以上從三個方面對虞山詩派的創作氣局進行了闡述，可見這一群體是清三百年間江南一批繼承杜甫詩史傳統，具有憂世意識和關注現實的精神，創作上法乳溫李、出入宋元的詩人的結合。他們或爲"學人之詩"，或爲西崑風調的"詩人之詩"，雖各樹法幢，不遵一軌，但異中求同，交互相容爲一個大的格局，總體創作傾向仍很明顯。這些創作特徵是特定的歷史文化、人文精神、詩學傳統在特定的時代風會中的體現。但是並不是說自清初以來虞山詩人的創作都能用這些特徵來說明。比如雍正、乾隆時期徐蘭的神韻詩就是一個例子。他在當時爲清朝四大布衣詩人之一，其詩在虞山詩人中足當魁傑。《出關》一詩新警奇絕，萬口傳誦。但其人"自少流落都下，數十年中僅一歸展墓"，[12] 他的創作主

---

11 張鴻參與甲午四月康梁公車上書言戰之事，現有史書闕載，錢師仲聯詳聞其事，每談及此史實，錢師亦記此事於《近代詩鈔》，見《近代詩鈔》第 1446 頁。
12 王應奎《柳南隨筆》卷四，借月山房彙鈔本。

要受王漁陽影響，並未入虞山派。另外，乾隆時代虞山詩人中出現了孫原湘、席佩蘭等頗有成就和聲名的性靈派作家，稍後蔣因培創作亦主性靈，一時間虞山似成性靈詩派營壘。雖然性靈詩歌寫作在虞山派中前可溯及錢、柳的一些專抒性情的情愛詩，後有黃人奇情奇趣詩相呼應，但總的看來性靈詩能爲虞山詩壇增添一時風景，卻並不體現虞山詩派文學觀和詩歌創作的主要特徵。在把握虞山詩派格局與陣容，考察虞山詩派分途、流變時，注意到這一問題，庶幾可免治絲而棼之。

清代虞山派之形成及其詩文化圈

一、"虞山詩派"概念的形成

虞山詩派這一名稱的完整使用，從目前掌握的資料看最早見於嘉慶年間單學傅《海虞詩話》，其有"虞山詩派錢東澗主才，馮定遠主法，後學各有所宗"之說，近代學者楊鍾羲的《雪橋詩話》三集沿用了這一說法。然而溯源尋本，則清初人已有論述。如王士禎《分甘餘話》云："明末暨國初歌行約有三派：虞山源於少陵，時與蘇近；大樽（陳子龍）源於東川，參以大復（何景明）；婁江源于元白，工麗時而過之。"這裏雖然是體派論，但也不無將虞山與雲間、婁東作爲地域性詩派的意識。稍後，沈德潛在《國朝詩別裁集》卷四中就明確使用"虞山派"這一名稱了，徐世昌《晚晴簃詩彙》卷三十三敘虞山陸貽典時亦引"藉存流派"之語。那麼可以說這一詩派的概念在乾隆二十四年（一七五九）前就已形成，直至近代一直在詩學中使用。

這一詩學概念的產生是基於虞山地區詩歌創作的實際狀況，與明代末期錢謙益在文壇崛起有著直接的關係。萬曆三十八年（一六一〇），二十八歲的錢謙益京師會試，以殿試一甲三名，授翰林編修，受到東林黨人的器重。正在意氣勃發，大可青雲直上的時候，東林黨魁、掌握銓選重權的吏部尚書孫丕揚年老懸車，宰相葉向高亦去位，朝廷勢力落入齊、楚、浙三黨之手，錢謙益的命運急轉直下。授翰林編修兩個月，丁父憂歸里，服闋並未補官，泰昌元年（一六二〇）光宗即位，他才官復原職。然而正當命運出現轉機時又陷入危機，遭到參劾，乃移疾歸里。此後名列黨籍，旋起旋退；枚卜失敗，復受打擊。明清改朝換代之際，因屈節降志，心懷愧疚，在清廷授爲禮部侍郎後六個月即乞病假，馳驛歸籍，自此未仕。自萬曆年間以探花及第晉身翰林，至其終老，錢謙益在朝總共不到五年，而退居虞山林下竟長達五十年。這是錢謙益的不幸，卻是文學和學術發展之大幸。在長達五十年的過程中，錢謙益以其卓絕的才華和深刻的人生體驗，治學術、作詩文，主持壇坫五十年，終於成就一代文宗。在退居里籍的五十年間，他與虞山詩人建立了廣泛的聯繫，促進了這一地區的詩歌創作和詩學研究，虞山便隱然成爲南方詩學中心。謙益《林六長虞山詩序》云："自余通籍，以至於歸田，海內之文人墨卿，高冠長劍，連袂而遊于虞山者，指不可勝屈也。"此序作於崇禎十年前後，由此可知，其時虞山地區詩歌創作已進入興盛時期。其後錢謙益本人、二馮及其他虞山詩人便經常宣稱"吾邑之詩"、"吾虞詩人"、"吾郡詩學"如何，頗有闡揚群體創作特點的自覺意識，後來的"虞山詩派"的概念正潛含在虞山詩人的一系列論述中。最先明確透露出詩派群體創作傾向的是錢謙益的《虞山詩約序》。崇禎十五年十二月，虞山陸貽典（敕先）將"里中同人"之詩都爲一集，命之曰《虞山詩約》，請錢謙益作序，牧齋當仁不讓，以"希風真風雅"、"抒發真性情"爲旨成序，末云：

> 嗟夫！千古之遠，四海之廣，文人學士如此其多也。諸子挾其所得，希風而尚友，揚扢研摩，期以砭俗學而起大雅。余雖老矣，請從而後焉。若曰以吾邑之詩爲職志，刻石立壇，胥天下而奉要約焉，則余願爲五千退席之弟子，捲舌而不談可也。

陸貽典爲牧齋門人，也是馮班極爲敬重的詩友，此番來請求序言，不僅希望錢謙益明確提出“里中同人”作詩的理論綱領，同時欲大張旗幟，“胥天下而奉要約”，這是頗有派別意願的舉措，至於“以吾邑之詩爲職志，刻石立壇”云云，更可見其時虞山詩人設站立派的明顯動向。

關於文學流派的形成，近人王葆心《古文辭通義》卷六《識途篇》中有一個簡明的概括：“文家須先有並時之羽翼，後有振起之魁傑，而後始克成流別，於以永傳。”其實，這個“先”與“後”只是相對的，魁傑當先，群英於後，亦成流派，虞山詩派的形成就屬於這種情況。其“開派者牧齋”，無疑爲魁傑，二馮、陸貽典等皆爲一時之羽翼。二馮在虞山詩派中的地位，錢師仲聯先生擬之爲“疑丞”（輔佐大臣），[1]馮舒在《以明上人詩序》中也對流派的詩學傾向作出過闡述：

> 今天下之言詩者莫盛于楚矣，鍾、譚兩君以時文妙天下，出其手眼爲《詩歸》……爲詩也字求追新，義專窮奧，別風淮雨，何容間哉！於是天下之士，從風而靡……。夫吾虞山言詩者則異於是矣。曰詩者，志之所之也，稱事達情，以文足志而已。若鮮顧篇章之理，而爭字句之奇，是絕腸胃而畫眉目也。

默庵此處稱“吾虞之言詩者”如何，所闡述的正是與竟陵派相對立的詩派主張。馮班在《馬小山停雲集》中對虞山詩歌的“流風”有進一步的說明：“虞山多詩人，以讀書博聞者爲宗，情動於中，形於外，未嘗不學古人也，上通《詩》《騷》，下亦不遺於近代。然而甘苦疾徐，得於心，應於手，亦不專乎往代之糟粕也。工拙深淺雖人人不同，然視世之沾沾口絕者爲異矣。東澗老人亡

1　錢師仲聯《錢遵王詩集箋校序》，載謝正光著《錢遵王詩集箋校》卷首。三聯書店香港有限公司 1990 年 6 月出版。

來，流風未泯，作者間出。"這裏進一步指出虞山詩人以學問爲根柢、主性情的創作特色，並強調說明首開流派之宗師錢謙益亡故以後，虞山詩派一脈不斷，並繼續發展。王應奎在《西橋小集序》中更爲虞山詩派張本："吾郡詩學，首重虞山，錢蒙叟倡于前，馮鈍吟振于後，蓋彬彬乎稱盛矣。"虞山詩人的一系列闡發是爲清初詩壇所接受並公認的，正基於此，沈德潛在《國朝詩別裁集》中評論錢陸燦的詩歌時，就直接使用"虞山派"這一名稱了。近人張鴻在《常熟二馮先生集》跋文中有一個近似的提法：

> 啓、禎之間，虞山文學蔚然稱盛。蒙叟、稼軒赫奕
> 眉目，馮氏兄弟奔走疏附，允稱健者。祖少陵、宗
> 玉溪、張皇西崑，隱然立虞山學派，二先生之力也。

這裏所謂"虞山學派"與"虞山詩派"實爲一義，張氏寥寥數語，已勾勒出一段極其濃縮的流派小史。

通過以上梳理可以看出"虞山詩派"這一名稱淵源有自，《虞山詩約序》已肇其端，二馮俱有申述，經沈德潛題名而定，後人便一直使用。對這一流派如果進行時序上的縱向排比和陣容上的橫向比較的話，不難看出它是明代詩壇的一支強大的殿軍，也是清代第一個規模較大、影響久遠的詩歌創作流派。單學傅《海虞詩話》所謂"虞山詩派錢東潤主才，馮定遠主法，後學各有所宗"，從宏觀上概括了詩派的內部構成，其承傳發展的脈絡亦可據此辨識和把握。

二、清初虞山詩派的陣容

虞山詩派的構成形態，初期主要是以強有力的詩壇巨匠爲核心，以詩學理論傳播、幅射的方式，形成一個地域性的創作群體。

由於核心（宗師）與周圍層次（詩派成員）才情、地位、影響頗有懸殊，因而核心層作用越大，反而越缺少了一般文學流派所具有的交流切磋的環境。當核心層逐漸擴大進而核心影響轉移後，又形成了詩學理論多元化的傾向，促使群體的創作宗尚發生了一定程度的分途、變化。正因爲如此，要確定虞山詩派的陣容和規模就比較困難。相對可行的辦法是梳理出核心人物詩學理論傳播和影響的線索，借助於交遊關係，分析各自的創作趨尚，理清其分途與流變的線索，進行約略的估計。這裏有個時間界定問題。對此錢仲聯先生有言：“虞山詩派，明末清初轉移一代風會者也。”[2] 此係說明其創始期的性質，並非概論總體。但有學者卻具體認爲：虞山詩派“形成於明末，壯大于清初，歷明天啓、崇禎、清順治、康熙四朝，前後時間近一百年。”[3] “到乾隆年代，厲鶚、袁牧之詩轉變了詩壇風尚之後，以錢、馮爲宗的虞山派已成了強弩之末，虞山詩人大都向厲、袁兩宗去討生活了。”[4] 將虞山詩派界定於乾隆之前是有一定識見的，原因倒不僅僅是因爲其後詩壇風尚發生了變化，還因爲乾隆帝深惡謙益，將其打入了另冊，並禁毀其著作，全國爲之震動，虞山地區更成爲文學災區。在這種高壓態勢下，詩派的分化是在所難免的。但是分化並不意味著消解。實際上，自乾隆朝中期至近代，虞山人文之藪的文化特徵得到保持和發展，詩人仍有可觀的陣容，詩歌創作承前期詩派之嗣響，凡經幾變，但虞山詩人的創作仍具有地域性群體的特色。因而綜觀錢謙益以來的虞山詩史，我們宜對流派作前期、中期和後

---

2 錢師仲聯《錢遵王詩集箋校序》，載謝正光著《錢遵王詩集箋校》卷首。三聯書店香港有限公司 1990 年 6 月出版。
3 何振球《虞山詩派的形成、發展及詩論》，載《揚州師院學報》1987 年第 3 期，收入《常熟文史論叢》，1989 年 2 月南京大學出版社出版。
4 趙永紀《論清初詩壇的虞山詩派》，載《文學遺產》1986 年第 4 期。

期之劃分。前期是嚴格意義上的詩派形成和發展階段，"神龍之首"在焉，中、後期則是虞山詩派的分途、流變階段。那麼清初虞山詩派的陣容狀況如何呢？在前面提到的崇禎後期，陸貽典和一批虞山詩人集爲吟社商榷風雅時，曾親刻《虞山詩約》並請牧齋作序，以求"刻石立壇，胥天下而奉要約"，二十多年後當他與友人唱和時還回憶起當時"敢說詞壇建一軍"情景。這"詞壇一軍"即虞山詩派最初構成，雖然具體成員今未能完全考索清楚，但我們仍然可利用《海虞詩苑》瞭解清初虞山詩派的基本情況。

乾隆以前的常熟詩歌，王應奎（一六八四～一七五七）編纂的《海虞詩苑》收集最富。王氏苦心搜訪二十年，原擬成書二十卷，僅刊出十六卷，未成全功而身已歿，後人據其遺稿又刊十七、十八兩卷。全書選錄清代常熟詩人一百八十二家，計一千八百八十八首，依元好問《中州集》例，繫以詩人小傳（第十七、十八兩卷，後人未敢妄補小傳，闕如）。陳祖范在《海虞詩苑序》中稱此集所收諸家作品，"莫不呈材獻美"，並由此驕傲地認爲"吾邑雖偏邑，有錢宗伯爲宗主，詩壇旗鼓，遂凌中原而雄一代。"因此，一般來說《海虞詩苑》不妨可以看作前期虞山詩派的詩譜了。然而，嚴格地說，這一詩譜只不過提供了一個可作參考的基本範圍，而作爲詩派成員的只是其中一部分在詩學上與錢、馮有一定聯繫（或淵源關係）的詩人，這種聯繫或是"形"，或是"味"。臺灣學者胡幼峰在《清初虞山派詩論》一書中，以《海虞詩苑》爲據，參考《國朝詩別裁集》和《江蘇詩征》，列舉了近四十人爲虞山詩派成員。[5] 其中將馮舒（己蒼）、錢曾（遵王）、錢

<hr />

5 胡幼峰《清初虞山派詩論》，第 326～363 頁，臺灣國立編譯館 1994 年 10 月出版。

陸燦（湘靈）、嚴熊（武伯）、錢良擇（玉友）、王譽昌（露）、王應奎（柳南）稱爲虞山派重要詩人，又列"宗錢"、"宗馮"、"出入錢馮"三派和"後期弟子"數人。宗錢派有：孫永祚（子長）、顧琨（孝柔）、陳式（金如）、何雲（士龍）、鄧林梓（肯堂）、錢天保（羽生）、邵陵（湘南）、淩竹（南樓）、陳晨（赤城）、蔣拱辰（星來）、嚴虞惇（寶成）、趙廷珂（聲珮）、孫淇（寶洲）。宗馮派有：陳玉齊（士衡）、孫江（岷自）、戴涼（介眉）、瞿嶧（鄰峛）、陳協（彥和）、馬行初（小山）、龔庸（士依）、馮行賢（補之）、馮武（寶伯）。出入錢馮者如陸貽典（敕先）、錢龍惕（夕公），所謂後期弟子爲陸輅（次公）、徐蘭（芬若）、陳祖范（亦韓）、侯輇（秉衡）等。

　　胡幼峰所列舉的已略具規模，但尙有論述不詳和缺漏者。以下是幾位較有詩名而詩學宗尙與錢、馮頗有些血脈聯繫的詩人，應當補入：

　　陳煌圖。胡書在"宗馮派"後附筆提及陳煌圖，但又引楊鍾羲《雪橋詩話餘集》稱其受學于馬文忠、楊維鬥，且謂"他的輩份與二馮相當，故不予歸馮班一派"，語氣欲進欲出，使陳氏與虞山詩派的關係顯得含糊不清。其實，煌圖及其子陳帆（南浦）與謙益俱有直接的詩學聯繫，《牧齋外集》卷七有《陳鴻文詩稿序》，《有學集》卷四十八有《題陳南浦山曉窗詩》可證。謙益在爲煌圖（鴻文）所作《詩稿序》中稱其詩"扶幹結條，沈辭佛悅，杼軸於懷，而無取冗長，庶乎通經嗜古者之爲，戞然空穀之足音也。"更言"今余拔鴻文於衆鳥之中，將取其麟前鹿後，龍文五色，自表異耶，抑亦翶翔四海，一飛而群鳥相從以爲朋耶。其亦昌明古學使啾啾百鳥，燕雀啁嘐之屬，胥化而爲高岡歌舞之音。"又強調說："余假鴻文之詩極論今古，蓋有望於鄉人子弟，故其辭不得而不詳也。”顯然，煌圖通經嗜古，詩風沈鬱，極爲牧齋賞重，並以其詩作爲虞山詩人的創作祈向，煌圖在虞山詩派中“登堂入室”的地位由此可見。特別值得注意的是，此序作於癸卯年（一六六三）二月，即牧齋逝世前一年，與崇禎末所作的《虞山詩約序》相比，此文頗有總結虞山創作，撥向歸正的深意，可看作牧齋暮年的“虞山詩派大綱”。

　　陳璧。璧字昆良，別號雪峰，明萬曆三十三年（1605）生於常熟，不久逢家難。稍長，揹拄巨紳處叩閽湔雪父仇，表現出非凡的志節。少有文名，掉鞅名場，後參加東林黨和復社，黨獄獲解後因“護死義之遺孤”爲“天下瞻仰，以爲賈彪嬰杵，未足多也”。早見賞于錢謙益和張國維（玉笥）。甲申、乙酉之變後，奔波于江浙與桂林之間，“間關走萬里”，從事抗清的秘密聯絡工作，其間與牧齋聯繫、溝通頗爲密切。順治七年廣州、桂林、梧州陷落，鄭成功援粵師敗，八年舟山又被攻落，魯王流亡海上，陳璧以全部生命投入的抗清活動“卒無所遇”，便於順治十年（一六五三）歸隱虞山，以詩文自勵名節。今所存殘稿寫作年代即自順治十一年起，而此前“十年爲位數招魂，賦得哀歌稿不存”，家人懼怕禍胎，將文字俱投火燬滅。其詩在清初曾有手抄本，但收藏極秘，罕爲人知。直到二十世紀八十年代才有學者發現了其詩文稿殘本，並著手整理付諸棗梨，題曰《陳璧詩文殘稿箋證》，凡二卷。陳璧與顧炎武、歸莊、陳瑚、施閏章等都曾以詩贈答，在清初頗有一定的聲名。對陳璧的詩，錢謙益《陳昆良詩序》評曰：“其縱橫軒翥，負涵包孕如胡賈列肆，良藥醫籠，無所不有。俄而牛鬼蛇神，俄而風檣陣馬；俄而忠憤激烈，嚴霜夏零；凄清介獨，堅冰多列。使人魄褫目眙，口呿頤解。至其閑情麗句，教妾持詩，如花同坐，可詠可圖，又香又豔。”牧齋推挹昆良爲清初虞山"雄踞詩人之右"者，無疑是清初虞山詩派的中堅。

汪繹。繹字玉輪，號東山。姿性英敏，六、七歲時出語遂露根器，人咸奇異。康熙三十二年（一六九三）應順天鄉試，汪繹與姜宸英、顧圖河、查慎行一併中式。三十六年（一六九七）爲會試第三名，未及殿試，聞父病篤而辭考南歸。三十九年（一七〇〇）殿試爲一甲一名，授翰林院修撰，凡應制諸作皆以稱旨。四十三年（一七〇四）受命編修《朱子全書》，八月因母思鄉心切，便請假偕母南歸。次年玄燁帝南巡，選任汪繹爲《全唐詩》編校官。其時東山有疾在身，抱病駐局揚州，秋回虞山調養，四十五年五月病故。有《秋影樓詩集》九卷。汪東山是錢曾的外孫，與邵陵交厚，切磋往來頻繁，濡染有自，與邵陵酬唱亦多，其詩於真摯之中自饒逸韻，清新可誦，是兼宗錢、馮而自成風格者。[6]

顧文淵。文淵字湘沅，號雪坡、海粟居士，有《海粟集》五卷。雪坡善畫山水，詩名幾爲畫名所掩，但其詩格不俗，當時亦有佳評。王應奎《海虞詩苑》即以"灑然清雅，迥異浮豔"推許。楊鍾羲《雪橋詩話餘集》曾抄錄《海粟集》不少詩句評曰："清思逸韻，源出二馮"。

這裏還有汪沈琇值得一提。沈琇字西京，號茶圃，嘗官宣城訓導，著有《太古山房詩鈔》，曾與侯銓、陳祖范、王應奎結"海虞吟社"。沈德潛《王東漵柳南詩草序》云："海虞之結詩課者四人（名略）。四人皆以道自重，發爲文辭者也。余先後得友之。（侯）秉衡詩骨幹開張，（陳）亦韓詩清腴近道，（汪）西京詩綺麗精深。"虞山吟社是雍正、乾隆間虞山地區一個頗有影響的詩社，是一批優秀詩人的集合。如果考慮到不久清高宗嫌惡牧齋，

---

6 汪繹的生平行迹，參見筆者拙作《全唐詩編校者敍錄》，載《唐代文學研究》第 5 輯，廣西師範大學出版社 1993 年 11 月出版。

厲禁錢書，虞山詩派便漸趨中衰這一事實的話，那麼可以說“海虞詩社”正是清初近百年虞山詩派發展的最後一個高潮，它有對錢、馮紹繼、發展的一面，也有向格調靠攏、潛轉的一面，具有重要的意義。而吟社中候銓、陳祖范、王應奎既已作爲清初虞山詩派的“後期弟子”，汪沈琇也應列入其中。

三、虞山詩文化圈

　　與清初虞山詩派形成和陣容相關的是虞山地區的詩文化圈問題。明清兩代，江南都是學術文化最爲發達的地方。清康熙帝《示江南大小諸吏》詩有“東南財富地，江左人文藪”之句，乾隆帝也表示過同樣的看法，稱賞“三吳兩浙，爲人文所萃”。就江南而言，吳中地區又是最有代表性的，自宋“興學以來，人材號爲極盛”，“文章亦冠天下”。萬曆間袁宏道曾說：“蘇郡文物，甲于一時，至弘、正間，才藝代出，斌斌稱極盛，詞林當天下之五。”梁啓超從學術角度考察指出：“（清）一代學術幾爲江、浙、皖三省所獨佔”，而“考證學盛於江南”，歷數學術巨擘，也仍然以吳中地區比較集中。因此，對於虞山詩派這一地域性的文學群體的形成，我們有必要從地域文化角度加以考察。

　　虞山的人文歷史有文獻溯及巫咸、呂尙，實在煙霞迷茫，而言偃（子遊）這位“道啓東南”的“南方夫子”與虞山的關係尙于史可征。值得注意的是，常熟的經濟是從宋代開始趨向繁榮的，至明代而稱富庶，“其土膏腴、其田平衍，其物産殷盛，若粳秫、布枲、魚鹽、蔬果、水陸之珍奇，所以供國賦而給民用者充然有餘而不資外助。”另一方面，尊奉言子、開設書院、大興庠序，也正是由宋開端，入明而盛。由此可見經濟狀況之隆詘確實是文

化升沈之樞紐。應當說有清以來常熟經濟更持續的繁盛，對虞山
地區文化的發展提升是一個極大的支援，而這種發展提升對這一
地區的詩派形成，詩風的確立有很大的影響。可以說虞山詩歌是
虞山文化的產物，虞山詩派是虞山文化圈的一個重要部分，而這
一文化圈中有一部分與詩人及其創作聯繫較爲密切，不妨將之稱
爲詩文化圈。對此我們來考察一下文社、藏書家和畫派琴派幾個
方面。

　　文社興于宋亡之後，"元季國初，東南人士重詩社"（李東
陽《麓堂詩話》），清初江南社局更盛，以至達到"無地無之"的
程度。虞山地區"士之習詩書者，誦讀之聲比屋相聞，糾盟結社，
蜚英海內"。晚明清初，虞山的文社主要有拂水社、應社和成社。
拂水社以瞿純仁爲掌門，瞿星卿、顧朗仲等爲社中疑丞。"其後
諸子皆爲名士，拂水文社遂甲天下。"瞿純仁乃牧齋父執，牧齋
年輕時曾跟純仁讀書拂水山房，事見謙益所撰《瞿太公墓版文》。
應社以楊彝爲盟主。明末爲時文者喜創新說，故意與傳注相歧，
楊彝與太倉顧夢麟辭而辟之，故海內又有"楊顧學會"之稱。二
人皆入牧齋門下，牧齋有《顧麟士詩集序》稱賞其詩爲"儒者之
詩"，可見麟士頗得牧齋倡導實學與宋詩之三昧。成社是以馮班
爲盟主的詩社，錢謙益《和成社初會詩序》有"定遠帥諸英妙結
社賦詩"云云，詩作于錢氏垂暮之年，此"諸英妙"當即是牧齋
之後，馮定遠主盟虞山詩派時的"班底"了。

　　虞山地區有悠久的藏書傳統。王應奎《柳南隨筆》卷五曾將
"藏書之富"作爲虞山文化傳統的重要表徵，虞山素爲文物之
邦，私家藏書刻書起源甚早，至明清收集刻藏芸編之風大盛。清
末葉昌熾《藏書紀事詩》敘及藏書家六百九十一人，其中常熟籍
就有七十三人。《常昭合志稿》卷三十二專立"藏書家"一門，敘

曰："自來郡邑志乘未有以藏書家立一門者，豈斯例之不可創
歟，抑其人之不多觀也。獨吾邑以藏書之名著聞於海內者，自元
明迄今，踵若相接。其遺編散帙，流傳四方，好事者得之，或謂
海虞某氏之所收錄，或謂琴川某人之所題識，以相引重，而書估
至有摹刻圖記，割截跋語，以牟厚利者，可不謂盛歟？"

　　藏書傳統的形成既與經濟富庶的程度有關，亦由於鄉賢前
導，流風輝映，後輩競雅，蔚爲大觀。虞山藏書明成弘間有錢氏
（仁夫）之東湖書院、嘉靖間有楊氏（儀）之萬卷樓和孫氏（七
政、樓）之西爽樓、丌冊皮，直至清代乾隆以降張氏（金吾）之
愛日精廬、瞿氏（鏞）之鐵琴銅劍樓、席氏（啓寓）之琴川書屋、
陳氏（揆）之稽瑞樓、顧氏（湘）之小石山房、翁氏（心存）之
知止齋、孫氏（從添）之上善堂、趙氏（宗建）之舊山堂和丁氏
（祖蔭）之湘素樓，都在藏書史上有重要影響，然而虞山藏書史
上的高峰期則是在明清之際，其間脈望館、絳雲樓、空居閣、也
是園、汲古閣與虞山詩派關係最爲密切。絳雲樓、空居閣、也是
園的主人分別是錢謙益、二馮兄弟和錢曾，脈望館主人趙琦美，
字玄度，號清常道人，官至刑部郎中。其父用賢性好藏書，官吏
部左侍郎時得見皇室秘閣所藏並鈔錄珍本。琦美翩翩好古，卓有
父風，據趙氏晚年手編《脈望館書目》記載，其藏書達五千多種，
兩萬多冊，後悉數爲錢謙益購得。汲古閣主人爲毛晉。他是錢謙
益的門生，牧齋《隱湖毛君墓誌銘》云："子晉通明好古，強記
博覽，壯從余遊，益深知學問之指意。經史全書，勘讎流布，毛
氏之書走天下。"毛晉不僅與二馮及其他虞山詩人交遊，而且與
"應社十子"關係密切，應社勝流每聚于汲古閣。從某種意義上
說，汲古閣是一個文化沙龍，是虞山乃至吳中地區詩人讀書論藝
的重要基地。

　　考察藏書傳統與虞山詩派的關係有三點需要注意：一，流派中不少詩人都是在江南享有聲名的藏書家，除錢謙益和錢曾外，馮班、陳煌圖、陸貽典、錢天保、何雲、孫江俱有珍本，亦卓然名家，直至乾隆間陳祖範仍"堂中積書萬軸，經史子集略具"。二，藏書不僅體現出虞山派詩人共同的興趣，也是互相之間學術交流的紐帶。各家所藏，師生通借閱抄，牧齋每有題記；詩友互通有無，同時也切磋斟酌學術。三，搜求圖書正是虞山派詩人砥礪學風的過程。孫淇有《市肆蓄書歌爲曹彬侯作》詩云："吾生嗜好類蠹蟫，此外都非性所喜"，"浮沈薄俗淡世味，一卷未能輕脫屣。"專注於搜書、校讎，使不少詩人"不踏名場，專精文藝"，同時也掃卻浮躁，沈潛求實。總之，明清之際，虞山座座書樓聳起，標誌著虞山地區的文化在普及的基礎上進入了較爲精雅的學術層次，也營造出了具有濃厚文化氣息的氛圍。以此爲契機，形成一個"以學問爲根本"的詩歌流派無疑是有其內在必然性的。

　　虞山雄奇瑰美，稱奇於江南。迤邐虞山、七弦琴川遠接"有江以環於北，有海以濱於東"的雄灝水天，是詩畫與琴音的美妙疊合，是峻偉與娟麗的大冶鎔鑄，這裏不僅可以孕育出詩人，同樣可以孕育出畫家和琴師，而在海虞之境除一批詩騷勝流外，確實還誕生過黃公望、王翬、吳曆、蔣廷錫等丹青名家以及嚴澂、徐青山等著名琴家，並形成畫派和琴派，而且同樣在明清之際，"虞山畫派"和"虞山琴派"名動一時，成爲海內具有重要影響的藝術流派，海虞"山水之名騰布于詞林藝苑中，是真湖山靈秀之氣所發見者也。"值得注意的是，虞山琴派嚴澂的性靈琴論和徐青山的主氣傳神論，以及虞山畫派王翬"以元人筆墨，運以宋人丘壑，而澤以唐人氣韻，乃爲大成"的繪畫理論與虞山詩派的詩論和創作有著某種內在的滲透與款通。這些同一地區、同一時期、不同門類流派的理論和藝術實踐，形成了一個詩文化圈環境，對研究虞山詩派無疑是一個重要的參照系統。

清代虞山派對李商隱詩歌的接受

　　明末清初錢謙益退居虞山林下五十年，在這一漫長的過程中，他以其卓絕的才華和深刻的人生體驗，治學術、著詩文，主持壇坫半個世紀，終於成就一代文宗。里居期間，謙益與虞山詩人建立了廣泛的聯繫，促進了這一地區的詩歌創作和詩學研究，並形成一個具有鮮明地域色彩的詩歌流派，即虞山詩派。當馮舒、馮班成爲有力的輔翼後，詩派形成了規模，在明末清初詩壇上與以陳子龍爲首的雲間派和以吳偉業爲首的婁東派相鼎立，使吳中地區儼然成爲一個虎步林動，射光播聲，有著極大影響的詩學中心。清初虞山詩派的崛起，對清代文學的發展具有極其重要意義。中國文學史上的許多流派往往都有一定的宗仰對象，而虞山派兼宗唐宋，祖祧對象不局限於一代，但就唐代來說，則無疑以“躋義山 、祧少陵”爲追求，尤其大力提倡西崑體。因此研究清代虞山詩派，有必要對虞山派詩人希風李商隱詩的態度以及西崑體作爲一種詩學範式的影響等問題進行闡述。

一、清代“西崑風源”

　　“詩家總愛西崑好”在元明兩代並不是普遍的現象，[1] 李商隱詩在元、明兩代的地位和影響，隨著當時詩壇接受晚唐詩的程度

---

1 朱易安《“詩家”並非“總愛西崑好”》，見《唐詩學史論稿》，廣西師範大學
　出版社，2000 年 10 月。

而升降。到了明末清初這種情況才發生了帶有根本性的變化，這種變化使得李商隱詩在有清一代都受到普遍歡迎。據《唐詩書錄》所載，[2] 明代李商隱詩箋注本只有四本，而清代有二十五本之多，清人重視義山詩的消息從這一數位的對比中是能夠感受到的。

　　如果要考究清人相當強勁的趨尙西崑之風的"風源"，則不能不注意到清初東南詩學中心虞山，而開風氣者卻是不太被人重視的釋道源和很少被人提及的虞山派詩人錢龍惕。據《有學集》卷二十五《石林長老七十序》和同集卷三十六《石林長老塔銘》以及卷三十七《石林長老小傳》，可知石林名道源，俗姓許，婁江人，萬曆丙戌（一五八六年）生，中年居海虞禪林，是牧齋的方外至友。"師儀范清古，風骨稜稜。禪誦之隙，喜涉外典。焚膏宿火，食蹠祭獺，箋注繕寫，盈囊溢篋……常箋解李義山詩及《類纂》"，竟達到"好義山詩，窮老盡氣，注釋不少休"的境地。錢龍惕字夕公，爲諸生，有時名，屢躓場屋，遂謝去舉業，刻意爲詩，有《大衰集》。其詩歌創作"原本溫、李，旁及於子瞻、裕之，憔悴婉篤，大約愁苦之詞居多"（王應奎《海虞詩苑》卷四）。明末虞山好讀義山詩已漸成風氣，夕公自少亦甚喜好，後愈益精熟，但難免有難以確解處。他在以隱事僻義多方請教、諮詢的過程中結識了石林長老，恰好其時石林也正在箋注義山詩，"取李集一編，隨事夾註其下"。於是二人相互商榷，夕公建議石林欲注義山，當先著手人物行年和相關歷史事件的考據。以後石林屢以見問，夕公"因取新舊《唐書》並諸家文集、小說有關本詩者，或人或事，隨題箋釋於下……得上中下三卷，以複石林長老。"石林的義山詩注經夕公襄助，順治五年前得以完成，這是清初第一本《李義山詩箋注》。此時吳中另一著名學者朱鶴齡也著手箋疏

---

2 陳伯海、朱易安《唐詩書錄》，齊魯書社，1988 年 12 月。

李商隱詩，在得到道源、夕公的箋注後，"歸而錯綜讎勘，綴集異聞，敷陳隱滯，取源師注，擇其善者，爲之剗其瑕礫，搴其蕭稂，更數歲而告成。於是義山一家之書燦然矣"（錢謙益《有學集》卷十五《朱長孺箋注李義山詩序》）。

朱鶴齡箋注本的出現極大地刺激、推動了萌動中的李商隱研究，在乾嘉之際幾成藍本。朱注與道源、夕公箋注顯然有一定的關係，而將兩者聯繫起來並爲之彰揚的正是錢謙益。義山詩是錢謙益的詩學淵源之一，由義山而窺少陵堂奧正是牧齋研治杜詩的學術途徑。他曾有手抄《李商隱詩集》三卷傳世，[3] 在明末清初錢謙益可謂一位"苦愛義山詩"者，其"近體芬芳悱惻，神矣聖矣，義山復生，無以加之"（錢仲聯《夢苕庵詩話》）。以牧齋文壇盟主的地位，以及與道源、夕公的交誼，他們都必然要向他請序，牧齋自然允諾。在《注李義山詩集序》中，牧齋肯定了道源、夕公爲義山詩的"翻案"，進一步抉發其"婉孌托寄，隱謎連比"，"忠憤蟠鬱，鼓吹少陵"之風雅意蘊。嗣後，在朱鶴齡入錢氏紅豆莊補箋杜詩完成並開始了義山詩箋時，牧齋便又"取源師遺本以畀長孺"，待鶴齡完稿後即作《朱長孺箋注李義山詩序》加以闡揚。牧齋對義山詩學的這番推動無疑對海虞詩人追步西崑產生了重要影響。

在考察李商隱對虞山派的影響時，馮氏自然進入視野並佔有重要地位，他們的創作風格，包括《遊仙詩》的寫作，在清代虞山詩史上都是一種典範。馮班是接武牧齋而祭李商隱的，然而馮氏崇尚西崑與牧齋推崇義山有所不同。牧齋大體上是遵循王荊公"學杜當自義山入"（殷元勳《才調集補注》卷六引馮班語）的途徑，重視義山詩而推本少陵，但馮氏並不走"躋義山，祧少陵"

---

3 錢謙益《李商隱詩集手抄本三卷》，遼寧圖書館館藏。

一路，在批點《才調集》時甚至認爲"杜不可選也"。他是把義山與溫庭筠相提並尊，由此上溯齊梁，祖祧徐、庾。馮班在《同人擬西崑體詩序》中曾這樣描述少年以來的詩歌創作氛圍："余自束髮受書，逮及壯歲，經業之暇，留心聯絕。于時好事多綺紈子弟，會集之間，必有絲竹管弦，紅妝夾坐，刻燭擘牋，尚于綺麗，以溫、李爲範式。"這種群體好尚也決定了馮班的作詩範式，以後馮班"教人作詩，則以《才調集》、《玉台新詠》二書"（王應奎《柳南隨筆》卷五）。此二書歷來被看作時代晚冥之調，非盛世鴻業之聲，而馮氏則另有見解。他認爲"蓋徐、庾、溫、李，其文繁縟而整麗，使去其傾仄加以淳厚，則變而爲盛世之作"（馮班《陳鄭仙曠穀詩序》）。顯然繁縟整麗、文采華美馮氏並不反對，反對的是內容淺薄，強調的是比興美刺。基於這一認識他認爲婉變托諷、沈博絕麗的西崑體完全可以成爲理想的詩歌範式，而"今日耳食之徒羞言昆體"的偏見應當糾矯正。

馮班的這種詩學觀念在當時激起了陣陣回音。這種反應首先體現在虞山年輕詩人錢良擇的《唐音審體》和與虞山派聯繫極爲緊密的吳喬和趙執信的有關著述中。相比較而言，馮氏的見解及其"西崑情結"由吳喬的《西崑發微》、《圍爐詩話》和《答萬季野詩問》採錄、發揮最多，影響也最大。吳喬認爲"夫唐人能自辟宇宙者，惟李、杜、昌黎、義山。義山始取法少陵，而晚能規模屈、宋，優柔敦厚。爲此道之瑤草、琪花，凡諸篇什，莫不深遠幽折，不易淺窺"（《西昆發微序》）；又云"于李、杜、韓之後能別開生路，自成一家者，惟李義山一人。既欲自立，勢不得不行其心之所喜深奧之路"（《圍爐詩話》卷二）。如此推尊李商隱，在一定程度上正是心折于馮班的結果。值得注意的是，吳喬在一系列著述中將李商隱之西崑與北宋初錢惟演、楊億、劉筠之崑體作了明確區別，提倡學習以李商隱爲代表的晚唐詩，而不以“識卑近”的錢、楊體爲圭臬，與馮氏廣泛學習晚唐、宋初西崑體的倡導有所不同。這種能夠激發思考的“同中有異”足以爲義山詩擴大影響，客觀上對扇揚“西崑”也起到了推動作用。總之，我們從錢謙益、釋道源、錢龍惕、朱鶴齡、馮舒、馮班、馮武、吳喬一路梳理過來，可以清晰地看到清初希風西崑一派及其“西崑學術”在吳中的形成，這也正是有清一代西崑風源所自。

二、清初虞山派的西崑風貌

王應奎曾分析清初虞山詩派有“錢蒙叟倡于前，馮鈍吟振於後”的變化（王應奎《柳南文鈔》卷五《西橋小集序》），又云“吾邑詩人自某宗伯下……學詩者宗定遠爲多”（《柳南隨筆》卷五），其後單學傅《海虞詩話》也有所謂“虞山詩派錢東澗主才，馮定遠主法，後學各有所宗”的論述，都隱約將虞山派分爲兩個傳承系統。但是我們應當看到，這兩個傳承系統在若干詩學觀點上是統一的，總的創作途轍也相當一致，這不僅表現在對義山的宗尙方面，同樣表現在頗以錢惟演“耳孫”自詡的謙益與馮班皆瓣香于錢、楊西崑派。正因爲如此，清初虞山派形成了突出的西崑風貌。

一是穠麗雕繢。虞山詩人在用穠麗雕繢的詞面表現紅香翠軟的生活內容方面是融義山、飛卿、致堯於一爐的。錢謙益詩之語豔意新多近義山，亦有絕似香奩者，如《春夜聽歌贈秀姬十首》可謂篇篇豔歌，俱胎息致堯，試讀其一：“煙峨掩斂睡痕輕，撼起朦朧意態生。無那泥人斷腸處，似醒如夢最關情。”撼起句出於元稹《春曉》“娃兒撼起鐘聲動，二十年前曉寺情”，無那句則是從韓偓《香奩集·無題》"羞澀佯牽伴，嬌嬈欲泥人"句中化出。正是牧齋"駘蕩春心老更癡"（《歲暮雜懷》之三），效義山與香奩於前，使得清初虞山詩人豔情體寫作頗成風氣。《海虞詩苑》卷五云"孫岷自，嘗仿徐孝穆《玉台》例，錄唐詩豔麗者為《緣情集》，其自為詩亦間有類是者。"今可考知的牧齋門人的豔情專集即有錢曾的《鶯花集》、陸貽典的《百豔詩》、顧琨的《寸灰集》等。其中陸氏的《百豔詩》自稱為少年之作，晚乃悔之，在整理舊集時將其刪削殆盡，但今存于王應奎《海虞詩苑》卷五中的《次和香奩集無題詩》、《次和楊廉夫續奩詩》仍透露出陸氏早年依紅偎翠，形諸文字的旨趣，亦可見牧齋文人風流的影響。

　　馮班專尚義山、西崑，《鈍吟集》和《馮氏小集》中的穠豔詩遠較牧齋為多，如《留題》云："雪絮紛紛碧樹春，蘭房長袂正留賓。黃金自取文君酒，羅襪從沾洛女塵。青鳥殷勤通錦字，烏龍安穩臥花茵。東風也似憐張緒，一曲青青一夜新。"此類詩詞面及用典幾乎皆出自玉溪詩，風格在玉溪與飛卿之間，可稱義山體。但馮氏亦有不少作品如《贈徐娘二首》、《美人手巾》等則近乎玉台、香奩體，已從穠麗婉曲折入綺靡淫麗一路了。清初虞山地區經馮班指授者甚眾，這批詩人皆追隨鈍吟步西崑一途，其中陳協頗為典型。協字彥和，號鄴仙，《海虞詩苑》卷九稱其"著有《佛幌》、《曠縠》、《金庭》、《鶴山》、《雪蕉》諸集，大率煉飾文采，穠纖麗密，體類西崑，蓋學鈍吟而入其室者也。"曾作《落花次韻八十首》，皆"零翠結團籠臂袖，亂紅成陣掩頭巾"之屬。其《鸚鵡》乃"詞客心傷"之詩，然而"雪衣春殿夢，紅豆美人糧。芳草空洲冷，春風破塚香"的滿目雕繢，使"顧影頻呼字，悽悽思故鄉"的哀傷之情大為淡化，只有一份豔情綺思躍然紙端。相比較而言，倒是稍晚的虞山詩人侯銓步武義山而能得其正音，他作有《花霧》詩，前半首寫春花盛開於樹底，似露如煙的霧氣遙護暗香，乍沾旋濕，紅妝稍重卻無妨錦幄新美。後云“有意和雲迷蝶夢，無端含雨殢鶯聲。欄杆一曲冥濛處，半是酣眠半是醒。”全詩不惟詞面措語多取之於義山，如夢自迷的氣質以及綺密環妍的格韻，亦足證爲義山手眼。這類哀感頑豔而格韻拔俗的昆體詩，是自牧齋以來虞山詩人學習義山詩的主流。

二是比興寄託。虞山派重視辭藻華美，綺豔整麗，公開宣稱“吾輩頗以煉飾文字爲事”（馮班《陳鄴仙曠穀集序》），但並非一味追求藻飾，墮入唯美是求，放棄內容之途。相反他們深受“義山《無題》皆寄思君臣遇合”的影響（朱鶴齡《西昆發微序》引馮班語），提倡以華詞寓規諫，借麗句暢性情，認爲“風雲月露之詞”可“寄託高勝”（馮班《陸敕先玄要齋稿序》），“比興乃詩中第一要事”（馮班《讀古淺說》）在“美詞”與“實義”之間，虞山派還是立足於後者，以清詞麗句爲詩之“相”，比興寄託爲詩之“用”。陸貽典《新正三日留滄漁小隱次來韻》詩有“見來山氣忘言在，問到梅枝托興深”的佳句，所謂“梅枝托興”，即爲假物以寄思興懷的形象詮釋。二馮都作有《遊仙詩》，在詩派中具有標誌色彩，他們曾坦陳對《遊仙詩》的創作乃“托爲虛無惝怳之詞，以寄幽憂騷屑之意”，並云“昔人立異比興，其凡若此，自古及今未之或改”（馮舒《家弟定遠遊仙詩序》）。由此可見其連類比物，寄託幽懷，正是繼承詩三百和義山詩比興美刺的精神，追求幽微而完美的詩境。

虞山詩人之比興所寄託者多與國家興亡、抗清復國之宏旨有關。錢師仲聯先生《夢苕庵詩話》即曾指出錢遵王追攀義山所作豔體詩，“細味之，多寄託，不盡爲兒女私情也”，並舉《偶感》爲例曰：“似爲鄭成功兵敗長江後，于順治十八年辛丑入臺灣而作"。詩人爲明桂王政權沒落而哀（小院簾垂白日低），爲成功遠走而思（情隨芳草恨萋萋），頗致恨於明帝無能（九淵偏是驪龍睡），婉變寄託，情韻深厚。錢謙益《有學集》和《投筆集》中，更充滿了比興寄託，最典型的喻體莫過於"棋"了。觀棋詩在《有學集》中隨處可見，《武陵觀棋六絕句》堪稱傑作。"簾閣蕭閑看弈時，初桐清露又前期。急須試手翻新局，莫對殘燈覆舊棋"（其一），此詩當作於鼎革之初各地抗清復明活動正風起雲湧的之際，而在"滿盤局面若爲真，賭賽乾坤一番新"（其二），"世間國手知誰是，鎮日看棋莫下棋"（其三）的"楸枰"思量中，人們分明見到一個謀圖復國者的形象。《投筆》一集更堪稱棋詩大觀，其時抗清局勢已極爲不利，但"由來國手算全棋，數子拋殘未足悲"，"盤周四角言難罄，局定中心誓不移"（《秋興》）的"棋語"中仍有一片熱志。馮舒《柳絮四首》其二同樣是對時局的暗喻："不著根株到處生，飄爲飛雪落爲萍。江流看取千尋闊，占盡還應剩一泓。"人們從中不難看出"不著根株"即稱愛新覺羅氏族非中華之正根，因其無根，故儘管漫天飄散，亦僅若雪若萍而已。"占盡千尋江，還應剩一泓"，則是甲申初變宗廟傾圮不久，南方桂王政權尚在，一代遺民仍存故國不滅的一線希望。這些詩含蓄婉曲，寄託幽微，或如偃臥古松之雄偉，或見瀝血滴髓之悲慨，具有極強的藝術感染力。

　　三是善於用事。擅于運用典實是李商隱詩的特徵之一，虞山詩人欽服而心儀崑體，從某種意義上說，正是讚賞李商隱及其西崑派涉覽既多，且能巧妙引用，使詩歌避免"疏淺不足深玩"（馮班《戒子帖》）之弊。《柳南續筆》卷一《汪純翁與嚴白雲論詩》中記載，汪婉（純翁）一日與嚴熊（白雲）論詩，"謂白雲曰：'公在虞山門下久，亦知何語爲諦論？'白雲舉其言曰：'詩文

一道，故事中須再加故事，意思中須再加意思。’ 純翁不覺爽然
自失。”其實牧齋此語所道出的正是構建繁密的意象，涵容豐富
的意義，形成包蘊密緻、宏深蘊藉的義山詩風的創作秘訣。

　　“故事中須再加故事”亦即不避“獺祭”而反復用典。宋初
西昆派以此作爲學習義山的一個門徑，未必稱成功，但如建立在
廣博的學識和富贍的腹笥基礎上，在歷史內涵與現實意義的最佳
切合點上自然地使用典實，無疑能“狀難寫之景見於目前，含不
盡之意見於言外”，曲折達意，涵演深遠。虞山前輩詩人錢龍惕
箋注義山詩，亦能深諦李商隱用事之法，《讀梅村宮詹豔詩有感書
後四首》其一是代表性的作品。詩云：“夢裏光流玉樹陰，碧城
無路信沈沈。前身漸換韓憑翅，清淚惟傳杜宇心。姹女卜錢消息
斷，鄂君香被曉寒侵。金徽莫奏開元事，零亂驕虞舊國琴。”這
裏我們不妨逐一爲之數典：“玉樹”出自《世說新語·容止》，“碧
城”出自《上清經》（李商隱亦有《碧城三首》）。“韓憑翅”出自
幹寶《搜神記》，“杜宇心”是化用《十洲志》的傳說。“姹女卜
錢”，乃合《後漢書·五行志》與《周易參同契》“河間姹女”事
而用，“鄂君香被”是從劉向《說苑·善說》引出。“金徽”謂邊
塞，典出《後漢書·和帝紀》，驕虞爲樂曲名，見《墨子·三辯》。詩
中句句用典，從起句一路寫精魂可化，愛情如一。作者懷念和至
愛的對象到底是什麼呢？至“金徽莫奏開元事”方卒章顯志，將
一系列繁密的典故挽合起來，突現出深沈的故國之思。

　　錢謙益的格律詩在有清一代罕見匹敵，而就用典來說，儒經
外典、史乘詩賦、筆記小說，無所不用，過於生僻處則加自注，
徵引之頻繁，涉及之廣泛，都可在清三百年間獨佔鰲頭。值得注
意的是，牧齋用典，不僅有一個密集的故事系統，還有多重意義
的生成。《初學集》中出與處的心理矛盾，《有學集》中對一度降

清的懺悔和投入抗爭的激情，《投筆集》中抗清復國鬥爭的成敗與悲喜，都借之于大量的典故加以表現。"即看靈武收京早，轉恨親賢授鉞遲"（《後秋興之七》）式的吞吐往復，使牧齋詩"意思中又加意思"，極盡回環跌宕之致，而毫無繁冗膩滯之累。進一步從《海虞詩苑》這一虞山派的詩譜來看，詩人們大都不以用事爲諱，"掉著書袋"而能大冶熔鑄，故其作品千偈翻瀾卻頗耐玩味，具有啓人深思的意致。錢謙益倡導流派以博學爲宗，在創作實踐中無疑具有積極的意義。

三、虞山派何以宗尚西崑

虞山派詩人在順康百年間都以追步義山和西崑詩爲趨尚，在清初詩壇上成爲一個頗爲突出的現象。這一群體性"詩家興趣"的產生實際上是一種自覺的文學選擇的結果，其中既有詩歌自身發展的內部原因，也有時代、社會和地域方面的因素。

錢師仲聯先生嘗云："虞山詩派，明末清初轉移一代風會者也。"[4] 這裏"轉移風會"一語最當注意。有明一代文學流派之爭頻繁而劇烈，同一流派的分化與不同流派的替興，其關係相當複雜，但總的來看，這一代詩學被一種"劫持的力量"控制著，被一種"偏勝的主張"支配著，並演繹爲前後七子派"詩必盛唐"的局面。其實"詩必盛唐"本身並非錯誤，問題只在於忽略了時移世遷，文質代變，一味擬古，長期以來形成了普遍字模句擬、生吞活剝、優孟衣冠、效人顰笑的不良局面。由此產生的詩歌作品，貌似盛唐，徒有腔調，神會支離，最終成爲土苴文繡似的象

---

4 錢仲聯《錢遵王詩集箋校序》見謝正光《錢遵王詩集箋校》，香港三聯書店有限公司，1990年。

物傀儡，成爲毫無個性，汩沒眞情的精神遊戲。明末清初錢謙益自設壇坫，與七子派分營別壘，首先就是從文學創作的“眞”、“僞”之辨發端的。在理論上將七子派的創作貶斥爲“僞盛唐”的同時必須易以新幟，因此以李商隱爲代表的“眞晚唐”便成爲一面鮮亮的旗幟，一代詩壇風會也由此轉移。

　　如果說晚明時期牧齋“躋義山、祧少陵”，並大力弘揚宋詩，有力辟七子，終結舊途而開拓詩歌創作新路的目的的話，那麼清初虞山派宗尙義山詩則具有濃厚的時代色彩。甲申之變帶來的改朝易代，使虞山詩人頓時成爲沈陷於劫灰中的遺民，而天崩地坼之時，政治舞臺上也連連捲起狂飆，鄉試案、哭廟案、奏銷案……表明了清廷對江南士人打擊的殘酷和對江浙地區控制的嚴峻。在文字獄隨時可能引來滅族之禍的厲民暴政中，如果用“賦”的手法來直陳枕戈泣血的心音似乎是不現實的。曾協助錢謙益從事秘密抗清活動的虞山詩人陳壁（昆良）順治十年（一六五三）前曾寫有很多爲明室“招魂”的詩作，但家人懼怕禍胎，將所有文字投火焚毀。其後他隱居海虞之隅，仍寫有近四百首復國救世之詩，其中時聞“雙懸日月風霾掃，重洗江山錦繡寬”（《出續夢詩示歸玄恭》），“明朝赤帝當陽照，消滅空成水一灘”之類相當明顯而激烈的“復明”吶喊。恰恰是這些一聯一句都足以賈戮身之禍的詩，三百年間無人得見，直至當代才被發現，由學者輯爲《陳壁詩文殘稿》行世。[5] 這一典型例證從另一角度說明，在異族入主中原的險惡環境中，忠愛心曲難以直賦，更難以昭世，因此採用婉曲比興，深隱寄託的義山體，就不失爲既可表達忠憤之情，又可避禍全命的方法了。顯然，這是一種包含了一定政治智慧的詩學選擇。

---

5 村、瞿冕良《陳壁詩文殘稿箋證》，上海古籍出版社，1984 年 5 月。

　　當然，李商隱詩 "富於才調，兼極雅麗，包蘊密緻，演繹平暢；味無窮而炙愈出，鑽彌堅而酌不竭；曲盡萬態之變，精索難言之要，使學者少窺其一斑，略得其餘光，若滌腸而換骨矣"，[6]這種特殊的詩歌意蘊和美學趣味，也無疑是虞山詩人趨尚的引力。這種引力有兩個方面的作用，一方面優柔含蓄，沈博絕麗的義山詩與西崑體對大都生長於綺紈，長期生活於江南負山帶湖，氣脈靈秀環境中的虞山詩人極易產生審美情感的契合；另一方面義山詩氣韻清拔而又法則嚴謹，其充分的詩意可以培養人們的藝術感受，而高度的技巧又可以讓人們在酬唱競詩中比較、衡量藝術水平。前文所引馮氏 "綺紈子弟，會集之間，必有絲竹管弦，紅妝夾坐，刻燭擘牋，尚于綺麗，以溫、李爲範式" 之語，正道出清初虞山詩人特殊的創作情境和此種情境中產生的特殊的才調趣味。通觀虞山詩歌史，這種才調趣味不僅在清初，可以說整個清三百年間都表現得非常突出。光宣間同光體在詩壇正占主流地位，而虞山詩人張鴻、徐兆瑋、與吳下汪榮寶、曹元忠結社酬和，大倡西崑而相戒不作江西語。因所居處爲西磚胡同，故仿效北宋初年錢、楊諸公，刊行《西磚酬唱集》。近代虞山孫景賢、楊無恙等詩人再度宏衍西崑，佳制疊出，名動詩壇。儘管經歷了新的血火淬礪，此時虞山詩人創作的格局、氣象較清初遺民都有所不同，但宏博整麗的才調仍是虞山詩派的本色。我們站在晚近的詩壇向清初回望，可以清晰地看到虞山派之所以宗尚義山與西崑，其地域文化因素是十分鮮明突出的。

---

6 江少虞《宋朝事實類苑》卷三十四引《楊文公談苑》。

蔣士銓的情感心態與詩歌藝術特徵

　　蔣心餘在乾隆詩壇的地位是當時人評定的。趙翼《挽隨園》稱袁枚、心餘與自己"三家旗鼓各相當"，《答李雨村》謂"角立縱支三足鼎"，洪亮吉《北江詩》卷五又云："乾隆中葉以後，士大夫之詩共推袁（枚）、王（文治）、蔣（心餘）、趙（翼）矣"。但從刊本《忠雅堂詩集》來看，蔣之于袁、趙二家不唯詩篇見少，議論風調亦不相類，"乾隆三大家"中，心餘似難以與他人比肩，而趙翼則偏偏強調海內才子，袁枚第一，心餘第二，"自居第三"，有清一代學人亦以"袁蔣趙"排序。這是一個令人費解的現象，錢鍾書先生較早注意到這一矛盾，並舉出附收于時人集中而《忠雅堂文集》未收之作，疑曰"爲漏耶，爲刪耶"？[1] 這一疑竇長期未得通解。所幸的是北京圖書館藏有《蔣清容先生手書詩稿》（按，心餘號清容），其中雖殘辛巳、丁亥至壬辰、癸巳之大部、己亥至甲辰各年所作詩，亦非全璧，但與刊本相比較，已多出一倍，合計存詩 4900 餘首，從數量上看與袁、趙已相當接近，可謂之"相當"。以《稿本》爲依據，我們也可以較爲全面地考察蔣心餘的情感心態與詩歌藝術創作的成就，評價其在乾隆詩壇的影響和地位。

一

　　有學者已經考證《稿本》爲"蔣士銓親筆及袁枚、劉文尉等人

---

1 錢鍾書《談藝錄》，中華書局 1984 出版，第 139 頁。

刪定稿"，並指出，"其詩較刊本多近一倍，頗多佳作"。[2]（邵海清、李夢生《忠雅堂集校箋前言》）既然頗多佳作，那爲何刪去呢？這一問題正是探討蔣心餘情感心態的一個切入點。

心餘平生爲人爲詩之要旨大約有兩點，一是以"忠"立格，以"道"自任。其《倪文貞公全集序》云："學以明道，文以載道，生以達道，死以殉道。道也者，德業文章、功名節氣所由也。"黃培芳《香石詩話》也指出過他尙道的特點，云："蔣心餘亦與子才齊名，聲氣相孚，而其持論有與子才不同者。作某詩序云：詩上通乎道德，下止乎禮義。"二是尙雅歸正，講究風骨。錢杕《忠雅堂文集序》謂其詩爲"大雅群掩之選"，潘四農《夏日塵定軒中取近人詩集縱觀之戲爲絕句》其二謂"稍喜清容有詩骨"，誠爲中肯之論。但心餘畢竟是性情飽滿，諧謔風發之人，以其才學，當是所歷、所遇、所聞、所感，無不可用詩來表達，故其創作內容相當豐富，涉及面相當廣泛，情趣格調也各不相同。賦詩以抒懷，則洪波無涯；輯詩以傳世，必取捨合旨；刪定詩稿看來也頗費心事。初步考察，以下幾類在刪削之列：一，紀實犯諱詩。如《石芝園呈李少司空》，有"恩許三年住，閒居約略同"句，對工部侍郎李友棠乾隆四十年革職家居頗寄同情。然友棠乃因江西擧人王錫侯撰《字貫》觸諱坐悖逆死，有感題詩而被奪官。在文字獄慘酷恐怖之時，心餘此詩如若刊佈，後果不堪設想。二，遊仙涉佛詩。如《小集分詠得曹唐遊仙限知同二韻》、《無題》二十四首。手稿本眉批曰："諸絕句確是曹唐筆意，但在先生集中，似可不必存之。"另有《贈相士李生》、《題深篁學佛圖》等亦復如是。三，遊戲之作。如《胡因素秀才悼亡未幾納姬人何氏同人賀以詩戲作卻扇詞調》、《卻扇詞調程尺木納姬》、《讀掃紅閣燕集詩戲效其體》等，顯屬諧謔筆

2 邵海清、李夢生《忠雅堂集校箋前言》，上海古籍出版社 1993 年 12 月出版。

墨，有些或有狹邪之嫌。雖然刪詩面廣，原因當不止上述（如組詩和題畫詩叠出，多見刪），但從以上幾點已可稍稍窺見心餘以"忠"、"雅"自律的道德意識。這種意識使心餘詩具有比較濃厚的"弘道"色彩。他的詩最突出的主題是大力表彰忠孝節義，"其寫忠節事，運龍門紀傳體于古樂府音節中，詳明賅洽，仍自伸縮變化，則尤開生面，前無古人"。[3] 翻開《忠雅堂詩集》可以看到，心餘筆下描寫過范仲淹這樣"先天下之憂而憂"的重臣和岳飛、文天祥、史可法等著名的民族英雄，也描寫過許多名不見經傳的民間貞烈節孝，作品數量之多，遠超時輩。即以史可法一人而論，前後就有《梅花嶺弔史閣部》、《得史閣部遺像並家書真迹三首》、《題史道鄰閣部遺像》、《恭和御題史忠正可法遺像詩韻》、《梅花嶺謁史忠正祠墓》等，抽繹忠心，宣揚節義，可謂淋漓盡致。

　　心餘是一個學具體用，性涵忠藎的詩人，執著地以民胞物與爲真儒至性。當袁枚、趙翼在詩中倡民主、反封建、尤其是袁枚全面地向傳統和世俗挑戰，一新天下人耳目之時，他極力弘揚傳統倫理道德倒也成爲一個鮮明的對照。應當看到，心餘詩突出忠孝節義主題有順應最高統治者，維護王朝統治的一面。乾隆四十一年，朝廷公佈《勝朝殉國諸臣錄》，褒獎"忠孝"之士，並特地寫成許多"御制"詩激勵臣民，四十二年心餘即作《恭和禦題史忠正可法遺像詩韻》，詩云："忠褒異代綸兼綍，像出危時網失綱。"顯然是在盛世走向衰落的"失綱"之時，宣揚道統，以振紀綱。但心餘所詠，皆發之于正義立場，志節凜然，肝膽披露，書可歌可泣之事，如灑一腔熱血，"行以勁氣，出以深情，而又雅正可法"（廖炳奎《忠雅堂詩集跋》），令人讀之，受到的並非是道德訓戒，而是愛國主

---

3 同治《鉛山縣誌》卷十五《蔣士銓傳》。

義和正直人格力量的強烈感染。即使《戲旦》之類的詩，諷詠盛寵男伎事，痛罵都下惡風，意在扶持名教，但"性情頗正"（崔旭《念堂詩話》卷一），仍慨然可感，爲人厚稱。

要深入理解心餘詩中何以突出忠節的主題，有必要超出描寫部分民族英雄的詩，對《忠雅堂詩集》中更多的懷古、詠史詩考察一下。歷史發展到乾隆一代，已有太多的積澱，心餘實爲"利濟之懷，特殷殷于世"（金德瑛《蔣心餘藏園詩序》）者，歷代皇朝的古都、歷史人物活動過的場所、歷代忠烈的墓祠、歷朝典籍的記載、歷史文物的吉光片羽、歷史傳說的殘篇斷章，都能在詩人敏感的心中激起波瀾，或撫迹寄慨，寫爲懷古之篇；或因事興感，賦作詠史之什。如《桃花扇題詞》十首，描寫明末國涉艱難時江左朝野盡展風流的世態；《謁張睢陽廟》歌頌張巡在安史之亂中如砥柱中流，堅守睢陽，遮蔽江南的功績；《盧溝橋》因橋設險天然，想見當年萬馬屯戍，于此護衛山河；《魏鄭公祠》憑吊魏徵祠堂，發揮君當納諫，臣當諍言之義；《響屧廊》登山遙想興廢，追及"踏破山河"的悲劇產生的原因；《西湖》、《蘇堤》則由衷欣慰於水利事業遺澤長在，利在生民。這類懷古、詠史之作數量甚多，無論鑒戒、借喻、托諷或頌揚，都體現出詩人感之于現實，發之於肺腑的憂國憂民的情懷。究其心脈，詩人之"道心"實即"憂心"。

這種憂國憂民的情懷在《饑民歎》、《後饑民歎》、《滿岸》、《禁砂錢》、《乞人行》等一系列憫民詩中表現得更爲淵沈、深廣。人稱"乾隆盛世"，而詩人眼中是一派悲慘景象："蔽體無完裙"，"堂下成餓殍"，"面色成死灰，各挾缶甂盆"；"饑民滿岸盼客舟"，"岸上饑民滿船頭"，"人氣蒸染疫乃作，轉眼紛紛委溝壑"。而與饑民流亡，病死委溝的情景形成對比的是"富人錢多朽貫索"，"官吏滿街真橫暴"，"千錢萬錢入官衙，行者吞聲居者苦"。詩人的目光，穿透了"盛世"的帷幕，看到了人民的痛苦和官吏的罪惡，用飽蘸深情的筆描繪出一幅乞兒、流民、餓殍、貪官、暴吏組成的社會底層的真實生活圖景，所體現的已不是傳統意義上的道德之心，而是盛世衰敗之前深沈的憂患意識。

二

文章貴乎真，"真不真著于文而實存乎所以爲文之性情、品格、學殖醇駁之間"。（呂璜《忠雅堂詩集跋》）袁枚序心餘詩集云：君"目長寸許，聞忠義事，慷慨欲赴；趨人之急，若鷙鳥之發，恩鰥寡者艾無所勒。諧笑縱謔，神鋒森然，其意態奇"。這一描寫活脫畫出一個敦厚純摯、至情至性的詩人形象。心餘論詩有謂"性情出本真，風格除脂韋"（《說詩一首示朱緗》），"至古奇文關至性"（《立秋感懷》），錢松、呂璜評其詩亦皆謂"發於至性"，"極於至真而可也"。可見至真至性是心餘詩最重要的情感和審美特徵。

真實的感情世界是豐富多彩的。雖然乾隆六年，十七歲的詩人在一場大病之後"兀坐繩床，皎月穿戶牖，嗒然而思，若有所悟者"，盡將所謂"豔詩四百餘首火於庭"（《行年錄》），對他青少年時期情感的騷動和青春的豔思我們已無法測知，但從他二十歲起存留的詩中，我們仍然可以看到他是一個多情善感的詩人，對親人的摯戀，對朋友的友愛，對宵小的憎恨並見於詩篇，時時激起深情真誠，動人心魂的浪花。心餘詩展示出的是真情淵府，至性橐籥。

在心餘的情感世界中，對妻子之愛之思值得一提。與袁枚相比，心餘顯然並非以情反理，風情張揚的人。從十七歲庭焚豔詩，"購朱子語錄觀之，立日程自課"（《行年錄》）一事更看出他似乎相當傳統。但讀其《江州官舍寄內二絕句》其二"兩字平安千里信，莫將離恨問行人"；《禁省夜直感懷書家信後》"淚痕虛幌三年漬，恨壓眉峰到幾層"，便深知心餘絕非拘儒，有著溫潤繾綣的情懷。與這類題材相比，抒發友情的詩歌在《忠雅堂詩集》中佔有較大比重，情深意長，更爲感人。試讀《冀予鮮鑒戍兄弟相送潞河言別》："執手商前業，隨肩話夕陽。相看淡如水，同是醒而狂。不誦時流句，堪登作者堂。三年當躍冶，拭目睇幹將。"起寫與友人攜手並肩追懷疇昔，漫話夕照，結以踴躍大冶而成偉器相期，款款道來，毫無矯作，至情心語，恰如天聲。"相看"一韻意到筆隨，騰挪轉折中率真之情奔迸而出，真可沖滌一切虛僞庸俗。《題蕭芹墾秀才小照》則是詩人情感世界的另一個側面，即對下層知識份子的同情。詩係乾隆三十年秋冬在鉛山作，蕭芹墾是當地一個懷才不遇的秀才。詩云："七尺堂堂一男子，不卿不相復不死。胸中奇氣出芒角，眼底幽憂何起止？蕭郎讀書慘不觀，牽黃臂蒼敗爾田。醉中渴飲野鹿血，饑來笑割生彘肩。有時濃磨五鬥墨，雪壁驅使龍虯顛。"不平則鳴，一股悲涼激憤之氣籠罩全篇。才華無法施展，人的價值不能實現，這不是個人的悲劇，而是時代悲哀。心餘毫無廓清仕途之力，無法還秀才一個公正，能做到的只有掏出心來："我行萬里君山中，苦樂雖異襟懷同。我欲倒傾天河釀酒助一醉，役使神鬼驂鸞龍！"肝膽相照，給人以至情美的感染。

　　心餘感情世界的另一股大潮是憂患人生的表現，其記述個人生活經歷的詩，是一部抑塞悲痛的人生編年史。心餘平生艱難苦恨舉其犖犖大端有二：一是科舉之路坎坷，二是仕途躓蹶。心餘爲一代高才，但應舉卻屢受挫折。乾隆十三年二十四歲時赴京會試，被放。十七年秋應禮部恩科試，雖房師張樹桐呈薦甚力，但偏因"主司以江西《春秋》已中六卷，不再閱"而落第，詩人憂憤而

歎："知書已抱千秋志，許國徒存十載心。"（《題破驛壁》）乾隆十
九年再應會試，又因謄錄官以表文將及二千字，不敷謄寫，稟請
加頁不許，"遂暗貼於明遠樓下"，再次被放。（《行年錄》）同年幸
而考授內閣中書，雖然"天容身到鳳凰池，感恩實下千秋淚"，但實
際上已從挫折中感到"頭上儒冠天下事，賈生懷抱實唯開"（《禁省
夜直感懷書家信後》）。

　　"俯首雙轅沒蒼泥，疲驪瘦蹇仰天嘶。何人解惜馳驅苦，別寫
偷閒八馬蹄。"這是心餘乾隆二十九年所寫的《柳陰雙馬圖》其一。
這俯首雙轅在蒼泥中艱難馳驅，時而仰天悲嘶的疲病瘦蹇的馬正
是心餘在京為官八年的形象寫照。雖然其間詩名大振，名公卿爭
以識面為快，卻居官不遷。高才超邁而又剛棱疾俗，必將遭受詆
謗，這一歷代不知演出過多少次的悲劇在心餘生命中再次出現。"我
時避客謝毀譽，如蟻瑾戶蝸隱廬"（《移榻蒸圃寓齋同居匝月書壁志
別》），詩人的心境何等孤寂抑鬱。乾隆二十九年，裘師穎曾存其
入景山為內伶填詞，此舉或可取悅乾隆帝，但心餘不願也不屑通
過這種方法以求通達，"力拒之"（《行年錄》）而乞假歸裏養母。同
時所作《宋默莊晚香高節圖》其一云："風中木脫存高節，霜里花
稀見晚香。畢竟讓他春卉好，黯然無語對斜陽。"可以看出，志存
高節而生命的價值無法實現的痛苦齧噬著他苦悶的心靈。

　　"失官去微祿，饑色漸如故。"（《詠懷三首》其三）辭官後心
餘過著貧困的生活，但用世之心未泯，報國之志未滅。乾隆四十
二年，帝南巡召見彭元瑞，問及蔣心餘，並賜詩有"江右兩名士"
之句。心餘得知後，感知遇之恩，於四十三年五十四歲時再次晉
京從官，以候補御史用。"著書畢竟空言耳，韓范功名在此行。"
（《題吟翠軒集送楊蓉裳出宰》）功業之心再度燃起希望的火焰。
但這火焰瞬間熄滅。"當官擔子如山重，未上肩時已白頭"（《悵

惘》），更何況"一二知己盡矣，同列皆闒然少年，趨尚寡諧"（袁枚《蔣公墓誌銘》）。兩年後，詩人以染疾辭官，唱著"人生蹇滯都如此，顏駟馮唐一世窮"的悲歌再度離京而去。

兩次會試黜落，兩度仕途辭官，使志向高遠，才華橫溢的心餘一再跌入生活的低谷。然而，苦痛是詩人的鼎爐，真情是詩人的薪炭，大冶熔鑄出了憂鬱悲憤的詩篇。"岩岩氣象雜悲歌，浩氣難平未肯磨。自古風騷皆郁勃，人生不得意時多。"（《讀昌黎集》）在《忠雅堂詩集》這部詩人心靈的歷史中，時時交織著飽經憂傷後的變徵之音。這憂傷，是人生和社會所帶來的。當社會帶給人生以憂傷時，人生的憂傷又加深了他對世俗與黑暗的悲憤，而當至情至性與人生體驗澆鑄在一起，希望與失望，追求與破滅便得到真實的展示，這憂傷的變徵之音格外感人。

三

心餘詩創作初期學習李商隱，詩風豔麗。據《銅弦詞》卷上吟《金樓曲》"有錦瑟吟遍曾毀"句下自注，知他乾隆六年十七歲時月下庭焚之詩，即爲擬李商隱《無題》四百首。這類詩之所以付之一炬，除了纏綿綺麗外，亦因其氣局狹隘。《醉言六首》其二云："檢我少年詩，多怨類女子。斤斤計窮達，所見一何鄙。"這是自省少年作品胸襟不寬，並非大家之器。焚詩後，心餘"改讀少陵昌黎，四十始兼取蘇黃而學之，五十棄去，惟直抒所見，不依傍古人，而爲我之詩矣"（《學詩記》）。總的看來，無論學少陵、韓愈，還是學蘇軾、黃庭堅，他都力戒舊銅翻新、仿效蹈襲，而是遺貌取神，重在風骨格調。手稿本中屢見"格調直逼少陵"（評《太行絕頂》）、"少陵遺響"（評《止水亭吊江文忠公萬里》）、"通篇神似昌黎"（詳

《喜晤張吟鄉秀才塤》)、"合昌黎、山谷爲一手"（詳《弋陽舟次》)。
這類評語，則時人已見心餘組唐緯宋，融彙前人，自成一家的特
色。

　　心餘詩最突出的藝術特徵是一個"奇"字。其詩根深于奇才，枝
茂於奇思、奇秀、奇偉。對心餘的奇才，袁枚曾有一段生動的描
述："其搖筆措意，橫出銳入，凡境爲之一空。如神師怒蹲，白獸
懾伏；如長劍倚天，星辰亂飛；鐵厚一寸，射而洞之；華岳萬仞，
驅而行之。目巧之室，自爲奧阼；祖而搏戰，前徒倒戈。人且羡、
且妒、且駭、且卻走、且訾謷，無不有也。"（《蔣心餘藏園詩序》)
心餘之奇才當時名動京師，非常典型的事例是，乾隆二十八年，
心餘時在北京，與顧光旭、曹錫寶同居官菜園上街，詩酒賡和，
略無虛日。一韻至數韻往復唱和，僅奴遞送，晨夕疲於奔命，心
餘一時筆墨揮灑，穎豎飈發，此事傳爲佳話。今《蔣清容先生手
書詩稿》尚存《顧晴莎侍禦與曹鴻書吉士作雨中九日倡和詩因次
其韻》三首，讀之能想見其時非凡的風采。

　　奇才生奇思。"自古奇文關至性"，心餘詩一韻一章，都是坦蕩
誠摯胸臆的坦露，是一泓至情心泉的流淌。因其發諸性分，故能
自出機杼，別開生面。各體詩中，其古體詩奇思壯采，成就最高。
如《雜詠》一組，闡發人世哲理，描繪人情百態，說盡人生酸楚，
思想深邃，才情豐沛，奇思別裁，置於詩歌史中，絕無愧前人。
誠如手稿本評批："堂堂三十首，無一字蹈襲《古詩》、《感遇》，而
名言創論，學一切掃一切。人或有其才，斷斷無其學，此事不得
不推老手矣。"相比較而言，心餘近體五七言律稍嫌板滯，精彩之
作不多，但絕句勝意疊見，奇思灼然。《響屧廊》從西施木屧之聲，
翻出"踏破山河是此聲"，措語蘊藉，而又力透紙背。《題王石穀畫
冊》由"不寫晴山寫雨山"推及"人間萬象模糊好"，潛氣內轉，哲思

醒人。《簪花》一言日看紅梅，疑當美人；再言明月似我，紙窗留影，亦賦亦比，溫柔美麗。再如《風水》云：“風水由來未可齊，來船飛渡去船稽。平生不合時宜處，江向東流我向西。”由船行水流之逆向，比喻性拙于世道，鑿枘捍格，從而顯示出耿介不阿，獨立不移的自我人格形象。心餘絕句，一二句提起、承接往往平實，第三句筆鋒拗折，用意最深，能自出覃思，抽繹蘊義，使全詩性靈勃發。

奇才出奇秀。“士銓詩筆奇秀”（《消寒詩話》），其“秀”並非雕繪瑰麗之類，而是得山川之氣的靈秀、清秀，是一種自然之美。心餘十一歲時，其父蔣堅爲使他“日後爲文章，或可無書生態”（《先考府君行狀》），帶他遊歷燕趙齊楚之地，縛之馬背而登太行，以增其聞見，陶冶性情。受父親影響，心餘一生“名山有約心常念”，“江山奇秀足徜徉”，每遇名山大川，必登陟攬勝，在美麗的大自然中，使情感得到淨化。反映在詩中，一方面是不以藻飾爲能，本色當行；一方面是善於寫景，自然清秀。獨上會稽吼山，他仿佛進入“人家桃花源”，疊嶂、古岩、石洞、乳竇、修竹、篙師、樵夫、充滿原始氣息的山林情景，使之頓悟人生“妙理”（《吼山紀遊》）。遊從姑山，他登臨頂峰，剎那間感到“腳底群山自羅拜，眼中直欲無人間”。逸興壯思，頓時騰湧，“一笑題詩共飛去，山靈與我共千年”。（《遊從姑山》）在壯麗純淨的大自然中，塵世的喧囂煩擾都拋在身後，詩人的情感和靈魂與自然萬物融爲一體，似乎由此而獲得了生命的永恒。夜行泊舟蘇州寶帶橋，那“五十三輪月，清光一半弦”使他心都醉了，“橫空連斷脈，臥影劃長天。暮雨吳歌接，秋燈估客眠”。山河之壯美，吳歌之動聽，暮雨之飄灑，秋水之靜幽，種種渾然一體，此時“推蓬看虹彩，明月水中圓”（《寶帶橋夜泊》），孕靈毓秀的吳中美景，撫慰著詩人孤獨的靈魂，一顆受傷的心得到莫大安慰。心餘論詩曾說"江山助人長奇氣"（《送熊肖石南歸》），趙翼評心餘詩亦有"句得江山助益工"（《甌北集》卷十）之稱。的確，有了自然之助，更增添了心餘詩的"奇氣"。這種江山之助與詩人內心深處的人生體驗相觸發，常常生成一種具有歷史感的夐遠深邃的宇宙意識，富於哲理，啓迪深思。如組詩《偕袁才子前輩枚遊棲霞山》描寫在融融春意中，詩人拾級登上棲霞山，一覽大江南北。江南地浮，江北山仰，天風吹衣，松濤雷鳴，混茫遠接，浮想聯翩；感滄桑巨變，人道居短；羨造化難枯，天步悠長。詩人決眥凝視遠飛天際的鴻雁，思考著永恒的歷史和現實的人生。這類"得江山之助"的詩，山川之氣與歷史人生交鑄熔煉，耐人尋味，最爲奇秀。

　　奇才增奇偉。"雄才如海氣如雲，搖筆真能撼嶽軍"。心餘《題陳力夫詩卷》之論移評《忠雅堂詩集》也是恰如其分的。他的詩追求雄奇之美，汪洋恣肆，兀傲排蕩，包孕日月，氣局恢廓。《秋聲館詞話》云："藏園以山谷爲宗，而排奡過之"，雄奇壯偉確是心餘詩重要的藝術特徵。心餘乾隆十九年曾作《黃河一首寄答雨立兄》云："黃河落地自奔渾，略記崑崙是發源。豈有堤防能束縛，空勞魚鼇暗騰翻。江流難合終歸海，禹力曾施獨感恩。百折千回無倚傍，不須淮泗作兒孫"。這渾灝流轉，奔騰直瀉的大河形象，正可以看作詩人創作的藝術個性。二十年後，心餘擺脫了青少年時期的病魔的困擾，也決然抛棄了纖麗多怨的詩習，帶著一股雄風進入詩壇，這磅礴大氣已不是刻意所爲，而是性分、才情所驅使。作爲審美追求，他特別崇尙男兒氣質，"男兒即不格鬥死，便當談笑傾黃農。不然掉臂崑崙頂，全將精氣歸鴻蒙。"（《贈楊文鐸仲》）一種壯士情懷，充滿淋漓元氣。他也特別讚賞宏博恢奇之狀，"前灘鶻突奔長洪，後灘詰屈趨黃公。狂波數裏勢一折，積鐵四立山重重。"（《十八灘》）大河、長江、峭嶺、崇山……氣度恢宏、雄健壯偉的男性美最能使他激動不已，目接心納，如椽之筆揮灑形容，常常一發而不可收。詩歌規模動輒數百言，組詩動輒幾十首，詩題長則達一百多字（如卷十一乾隆二十八年作《龔鑒戌仲子於市肆購得趙松雪仕女圖……》題長爲一百六十八字）。感情達到高潮時，則不求整煉，夾雜散句，長短參差，任其順勢推宕。《象聲》詩模寫演員技巧和現場效果云："語入妙時卻停止，事當急處偏回翔。衆心未厭錢散亂，殘局請終勢更張。雷轟炮擊陸渾火，萬人驚喊舉國皆奔狂。此時聽者股栗欲伏地，不知帷中一人搖脣鼓掌吞吐擊拍閑耶忙？"大氣直下，一句多達十七字。這類詩穎異不俗，體現出雄奇壯麗的風格美。但平允而論，其中有些作品任情使氣，一瀉無餘，曼衍鋪張，缺少拗折，故顯出能樹風骨而失之粗豪，其勢有餘而情韻不足，與袁枚靈心妙腕，張弛有度相比尚遜一籌。相對而言，心餘晚期詩格調蒼老，粗豪質實的缺點有所克服，風骨更加遒勁。

　　在乾隆詩壇，心餘以其才思敏捷、至情至性、奇偉壯麗的詩作與袁枚、趙翼並領風騷，而心餘詩與袁枚、趙翼既有倡導性靈的共性，又有不同的情感內涵和藝術表現的個性特徵。他從一個方面將唐宋詩人的藝術經驗加以吸取和弘揚，並在一定程度上加強了藝術表現的功能，在詩歌史上留下了嶄新的一章。"天與高才知不死，詩多奇氣定長存"（《隱仙庵聽鶴雛道士彈琴並讀龔鑒戌友題壁諸詩有感》），這是《忠雅堂詩集》思想與藝術價值的必然。

學人之詩的最後輝煌：
讀《沈曾植集校注》

　　沈曾植（一八五一～一九二二）是我國晚清在國內外有影響
的著名學者，也是近代同光體派的主要詩人。其學識極爲淵博，
胡先驌推其爲“同、光朝第一大師，章太炎、康長素、孫仲容、
劉左庵、王靜庵先生，未之或先也”（《海日樓集跋》）。陳寅恪也
推沈曾植爲近世通儒，他後來對包括蒙古史在內的西北史地的研
究及其史學研究方法都受到沈氏博學會通的治學思路和精神的影
響。王國維在《沈乙庵先生七十壽序》中對沈氏評價得更爲具體：
“先生少年固已盡通國初及乾嘉諸家之說，中年治遼、金、元史，
治四裔地理，又爲道咸以降之學，然一秉先正成法，無或逾越。
其于人心世道之汙隆，政事之利病，必窮其源委，似國初諸老；
其視經史爲獨立之學，而益探其奧窔，拓其區宇，不讓乾嘉諸先
生；至於綜覽百家，旁及二氏，一以治經、史之法治之，則又爲
自來學者所未及。”

　　然而在多方面的建樹中，沈曾植“合學人之詩詩人之詩二而
一之”的詩歌創作最足以傳世。但長期以來，沈氏詩一般只是在
文學史著作中提及而已，未能真正全面進入現當代研究者的視
野，成爲人們可以借鑒的思想資料和可以吸取的審美經驗。二〇
〇一年十二月，中華書局出版了錢師仲聯先生的《沈曾植集校
注》，徹底結束了沈曾植詩半個多世紀的塵封狀態，重現出近代一
位拔山扛鼎的詩壇巨子的光彩。讀《沈曾植集校注》鮮明地感到

該著具有以下三個突出特點。

一、作品全備，校理精當

　　錢師仲聯先生新出版的這部著作，原創於上世紀四〇年代。一九四一年錢先生在無錫國專上海分校任教授時一邊從事《鮑參軍詩集》補箋，一邊就開始了沈曾植《海日樓詩集》的箋注。其時海日樓詩已刊者有家刻本《海日樓詩》二卷，是詩人壬子冬至乙卯年所作，其中乙卯年之作又曾單刻爲《乙卯稿》行世。這些作品也曾由朱祖謀、金兆藩諸人編定分期刊載于龍楡生主持的《同聲月刊》。這些在當時號稱“全詩”的卷帙不僅次序多亂，而且缺漏了很多作品。另外沈氏門人李翌灼編有《海日樓詩補編》，欲補二卷本所未及，但事實上也未能超出《同聲月刊》已刊佈的作品之外，因而使海日樓詩真正得以全備仍然是沈曾植集整理和研究一項重要工作。一九四三年當錢先生將撰著中的《海日樓詩注》在他主編的《學海月刊》上連載發表，由此得與沈曾植嗣子慈護締交。一九四七年夏錢先生應慈護之召，客海日樓，整理沈曾植遺稿，編成《海日樓劄叢》八卷、《海日樓題拔》三卷，並過錄了《海日樓文集》稿本。此間從沈曾植日記、殘稿、亂紙中錄出已公開刊行的各本以外不少沈氏詩作，繼而從同時代日記、詩話、雜誌中廣爲鈎沈輯逸，復得若干佚詩，重加編排，改正錯誤，增補遺缺，並加箋注，積數年之功，撰成《海日樓詩注》十二卷。在此基礎上以手稿本與各本互校，凡有價值的異文都以“一作某”的形式注明。值得注意的是，這次梓行的《沈曾植集校注》除《海日樓詩注》十二卷外，同時還收入了沈曾植《曼陀羅寱詞》凡一〇二首。可以說，此著是錢先生半個多世紀整理研究沈曾植詩歌的集大成的卓越成果，藉此，在沈曾植逝世八十周年之際，其尚存於霄壤間的全部可靠的詩歌作品以活的形態進入了學術界，進入了當代學人的思想和心靈。

二、考辯深細，史實明晰

《海日樓詩》中的大量內容涉及作者個人的經歷以及與他人、與社會的複雜聯繫，對此錢先生進行了深入細緻的考證，在三個方面系統闡明沈氏詩所涉及事實。

一是行實。關於沈曾植的平生行實，沈氏門生、與錢先生並稱爲"江南二仲"的王蘧常有《沈寐叟年譜》，凡據王譜可確定者著作中俱加引證，而詩中所涉及的一些行迹年譜未載，錢先生則復加考索，予以究明。如卷二《丹徒渡江》，考按云："公於己亥秋偕五弟赴揚州，送之北上。此詩渡江時作也。"又卷十二《臘月二十三日消寒第四集會於倦知廬餘忍寒不出倦翁庸庵詩成促和》一詩，"二十三日"，沈氏原作"十四日"，而錢先生據陳夔龍《花近樓詩存》記載考知消寒第三集飲于王雪澄所，沈氏未有詩作，而第四集飲于余堯衢倦知廬在醉司命前一日，故知"原題作十四日有誤"而加以改正。這類嚴密考證後的發覆之見在全書中不勝枚舉。

二是交遊。在同、光兩朝沈曾植以當世大儒而獲得極高的人望，他既仕台閣又曾任方面大員，並主持書院、學府，一方面與仕宦者與改良派頗多聯繫，一方面又與學術界、文學界同好、友生密切接觸，故平生交遊甚衆。這些交遊在《海日樓詩》中有相當全面的體現，翁同龢、李慈明、文廷式、黃遵憲、張之洞、袁昶、康有爲、王闓運、樊增祥、楊守敬、陳三立、張謇、易順鼎、梁鼎芬、朱祖謀、金蓉鏡、陳衍、鄭孝胥、楊鍾羲、羅振玉、王國維、夏敬觀……這一系列近代政治史和文化史上捲動風雲的人物各以字號、世稱或堂、室名絡繹出現在《海日樓詩》中，錢先生一一指實，勾勒出一幅生動的近代史人物譜。至於"病山"（王聘三）之號的由來（卷七），日本竹添光鴻之字號、本貫（卷五）也都作出具體記載，使這一近代人物譜系詳實可據。

三是事件。沈曾植平生七十多年見證了我國晚清文學和社會的一系列事件，一部《海日樓詩》也在某種意義上成爲晚清歷史的形象記錄，而正是通過錢仲聯先生準確的注解，抉示出了"詩"中"史"的含義。在《海日樓詩注》中不但可以看到超社、逸社的升降起伏，看到同光體派與唐詩派、晚唐派之間的諸多聯繫，同時還能夠清楚地瞭解許多有意味的歷史故事。如卷七《哭孺博》一首，錢先生引康有爲《粵兩生集序》證袁世凱稱帝時曾兩召孺博相見，且授以教育總長，孺博"拂衣出國門"，後與潘若海"相與謀倒袁"。卷三《題俞策臣師畫冊》有"百里雷震驚，九天霧冥蒙"句，注引史料云，此指"咸豐十年八月，英吉利、法蘭西兵逼京師，與戰，師不利，文宗幸熱河，英法兵焚圓明園。"沈曾植詩中一些相當隱晦的歷史事件，在錢先生筆下皆如老吏斷獄般地考明，讓人們能夠永久地體會到詩史的價值。

三、徵典求朔，注釋詳明

《海日樓詩》之所以能以"活的形態"再現其詩學大邦的氣度和美感，無疑得力于錢仲聯先生堪稱絕唱的箋注。沈曾植本博學鴻儒，腹笥宏富，而當淵廣精深的學問化爲"學人之詩"時，在林林總總的近代詩中《海日樓詩》便成爲最迴出常境，艱深奧窔的詩歌文本了。而錢先生正以融冶百家的胸次與乙庵先生對話，進行了成功的箋注，在高難度的學術課題上建立了殊勳。

　　《海日樓詩》箋注的最大難點是佛教、道教典故。沈曾植的詩雅人深致，僻典奧語，層見疊出，尤其滿紙佛典，如不加詳注，則絕難通解。張爾田曾論及注沈氏詩以佛典爲難，云：“欲徵其出處，則亦甚費力，此不特注家爲然，即使作家亦是隨記憶所及，未必盡能記其出處也”（夏承燾《天風閣學詞日記》）。鑒於此，錢仲聯先生特購買了一部頻伽精舍本《大藏經》，隨即猛下幾年工夫，通盤掌握了佛學知識，佛法精蘊幾能通達。這樣注釋佛典便遊刃有餘，使沈氏詩全稿之文字般若都在最大程度上得以徵典求朔，體現出淵微意旨。這方面只要細讀卷十二《彭尺木極樂世界莊嚴圖甘翰臣藏》一詩長達萬言的箋注，便可見其令人歎爲觀止的功力了。

　　錢先生箋注佛典的特點是準確貼切，語語著落。舉例來看，卷七《丙辰歲重陽日同人集于寓樓完巢病起攜示新作即和其韻》詩有“老僧怕說黃花句，一舉依然落有邊”句，顯然“黃花句”和“落有邊”是其難點，然錢先生引《景德傳燈錄》慧海禪師語注云“迷人不知法身無象，應物現形，遂喚青青翠竹，總是法身；鬱鬱黃花，無非般若。黃花若是般若，般若即同無情，翠竹若是法身，法身即同草木。”又引《大智度論》“墮有邊無邊，失智慧明”，這樣佛典奧義一一得到抉示。更讓人驚歎稱奇的是即使如“三月正當三十日，老人心老倩誰安”（卷八）這類幾乎明白如話的表述中暗用的佛典，也能究及原本，而“前三三是後三三”（卷十一）這樣較爲生僻的偈語作者已憑記憶自注出“道悟禪師偈語”，但錢先生又重引延一《廣清涼傳》僧無著大曆二年五月初在清涼嶺與化寺主僧以及僧童的一段藏有機鋒的對話，使這一偈語源委更爲清晰。這樣的箋注既體現了嚴謹的態度，也體現出箋注者淵綜廣博，腹笥淵深。

對《海日樓詩》中道教典故的箋注同樣如此。如卷七《病山示我鬻醫篇喜其怪偉屬和一章》、《趙文敏書天臺賦卷》等皆滿目玄言翻瀾，錢先生隨句而注，舉重若輕，而如《旅居近市鬱鬱不聊……》（卷四）一篇之中佛道間雜者，"寥天一去入寥陽，翻覺雲居數劫忙"（卷七）一聯之中禪玄互證者，無不於兩典中尋根求初，左右逢源地作出令人折服的注解。其他還有大量涉及四裔輿地的史學典故亦相當奧僻難通，而錢仲聯先生用力于一系列方志的研讀，發幽抉微，無不作出允洽精當的注解，顯示出作者本意。

錢先生對沈曾植素懷景仰，其源當溯至一九二四年考入無錫國學專修學校時與王蘧常訂交。那一年錢仲聯先生十七歲，他是以第三屆第一名考入國專的，王蘧常是第一屆第一名，蔣天樞是第二屆第一名，三人遂訂交。王蘧常是沈曾植的晚年學生。仲聯先生雖不及親炙沈氏，但沈氏既是他所極尊重的國專校長唐文治先生當年考進士時的房師，此時又從王君處得聞沈氏緒論，自然產生了對沈氏的欽佩、崇拜心情，故開始潛心學習並著力箋注沈氏之詩。一九四四年張爾田接到郵至的錢先生的《海日樓詩注》"讀而善焉"，爲之作序有"蘇之施、顧，黃之任、史，比于仲聯，優絀孰多"之說。其實從一九四四年後《海日樓詩》的箋注工作並沒有停止，特別是八〇年代經錢先生提議國務院古籍出版規劃小組將《海日樓詩集箋注》列入出版規劃，確定由中華書局出版後又對之進行了大幅度的修改、增補、提高，使全書在文本校理、本事考證、詩句注釋各方面都達到令人難以企及的水平高度，呈現出雄視古今的氣度和大通大有的風範。這一包含著深厚功力和畢生心血的著作，是老一輩學者爲當代學人樹立的一種極高的學術標格。在大量的古典文學典籍需要整理研究，許多優秀的文化遺産需要發揚光大，學術界呼喚眞正的學術精品的今天，《沈曾植集校注》的出版，其意義當遠遠超出沈曾植或同光體研究的範圍了。

附　錄

世紀學者錢仲聯先生的最後時刻

　　似乎有一種不祥的預感，十二月四日上午課間我打開了手機。當電話裏傳來小馬充滿哀感的低沈聲音時，我知道那最後的時刻終於要來臨了。十多天前，每周來家中一次爲先生開中藥調理的華醫生說先生預後情況很不好，也許難以度過冬至時，我簡直不能相信。去年九月，文學院爲先生隆重舉行九十五華誕紀念活動，全國各地學者濟濟一堂，先生在主席臺上坐了兩個小時，其間還作了長達二十分鐘的講話；今年 9 月壽誕慶日我帶著生日蛋糕到家中時，先生還端坐於客廳，在滿堂親友和我們弟子的祝福中，心情和氣色都顯得不錯。不過我也知道，十天前到醫院急救後的衰弱和近日病臥在床，夢苕庵雅室中一直低迴流轉著先生回憶往事的聲音，都預兆著這棵百年學術大樹真的可能會隨時倒下。

　　走近病床，先生的呼吸顯然急促，但神色還比較安定。和我一道趕來的還有剛剛到達的鳳凰出版社古籍部（原江蘇古籍出版社）副主任倪培翔先生。他是代表出版社來和先生簽定《清詩紀事》再版協定的。這部歷八年而著成，逾十年方出齊的煌煌巨著，一經面世便爲學界仰止，錢鍾書先生盛讚其“體例精審，搜羅弘博，足使陳松山（田）卻步，遑論計（有功）、厲（鶚）。”先後榮獲中國圖書獎、首屆全國古籍整理圖書一等獎和首屆國家圖書獎提名獎。現在鳳凰出版社決定影印再版這部巨著，十一月姜小青先生先與我聯繫，讓我代爲徵求先生的意見，先生自然很高興。得知先生病重後，小青與培翔便商量來看望先生並面談協定之事。原定十二月一日來的，後培翔來電說因事要改期。不知是有某種暗示還是什麼，我說"你星期四上午一定要來！"

培翔來後拜見了一下先生，先生示意"知道"，並關照國安師弟拿抽屜中慣用的那方圖章來蓋。在培翔到客廳與先生家屬辦理有關簽定手續過程中，先生似乎又有些像往常一有事情就顯出著急的神情，待我和國安撫床傾身告知："放心，再版手續都已辦好"，先生頓時感到安慰而平靜。是啊，這些天，先生的內心一定牽掛著《清詩紀事》再版之事。這是他晚年的一座學術豐碑，豐碑上鑴刻著他開拓清詩研究的無量功德和繼續創新這一學術領域的無盡期待！近八十年的學術生涯一路走來，清詩研究最讓先生晚年無時或釋，就在十天前住院救治，帶什麼到醫院他都無所謂，只是堅持要把積其數十年心血、逾百萬字的《沈曾植集校注》（中華書局二〇〇一年十二月出版）放在病床邊。書中插著不少簽條，他說"要隨時翻翻，個別地方還有點問題。"在駕鶴遠去前，他展開的思想的翅膀仍然在《清詩紀事》上回翔，他要將生命輝煌的句號劃在與這部重要著作的告別上。先生稱得上是一位真正的忠於學術而且終於學術的世紀學者，一代宗師！

大約十一點左右，培翔拜辭回寧。醫生再一次檢查，結果是那樣的揪心："可能難過今天。"然而先生的神色是平靜而安和的。窗外初冬的風一陣陣緊，落葉蕭條的情景令人心疼，夢苕庵雅室內的空氣更冷寂得近於凝固。醫生越來越緊急的報告不時敲擊著滿屋弟子幾乎要崩潰的神經，然而所有的騷動和低泣聲稍稍出現就被提醒：安靜些，讓先生走得安靜些！

十一時三十分先生進入彌留狀態，看上去仍然平和安詳。

　　十二時十八分，這位一九〇八年出生，自一九二四年就走上
國學研究道路的世紀學者的心臟永遠停止了跳動。

　　幾個小時侯後，先生生前摯友、當代著名學者霍松林先生抱
病題寫的挽聯在北京國學網醒目地載出：上壽可期一代吟壇朝北
斗，德星忽隕五洲學苑哭宗師。

　　先生駕鶴驂鸞遠去了，留給我們的是生離死別的極哀極慟，
是大師失去後無法塡補的學術天地的空白。作爲學生，我知道，
這意味著師恩永遠難報，痛哭長難成聲……

　　　　　　　　　　　　　寫於二〇〇三年十二月五日子夜

卻顧所來徑

　　當我接過《唐詩演進論》樣書的時候，江蘇古籍出版社文學編輯室的先生約我寫一篇談學習和研究古典文學體會的文章，要在他們主辦的《古典文學知識》的《治學門徑》專欄中發表。雖然我對自己的研究成績並不滿意，知道“人在旅途”，現在還是應該“默默地往前走”的時候，但作爲一個在高校講臺上站了近二十年的教師，對自己的本科生和研究生也經常談一些治學方面的問題，現在有機會把一些甘苦得失概括一下寫出來，給許多比自己更年輕些的朋友參考，讓他們撥開滿地花葉，看到跋涉者的屐痕，倒覺得是不無意義的。

一、選　擇

　　人生活在選擇之中，人在選擇之中生活。如果一個高年級本科生或研究生有志於學術研究的話，首先涉及的就是方向的選擇問題。什麼是選擇？選擇就是在大量放棄的基礎上對個別事物的認取，不懂得放棄就不懂得選擇。學術方向的選擇是一件很慎重的事，它既要真正與你的興趣相符合，還要和你的能力相適應。前者是說必須喜愛它，後者是說應當有能力、有條件從事它。就像一棵樹上挂滿了果子，光是想摘它還不行，還要踮起腳來或跳一跳就夠得著。如果每一次都要冒著危險爬上去摘，那也太累了。我在讀大學一二年級的時候也和現在的許多大學生一樣興趣廣泛。因爲上大學以前曾經在"接受再教育"的地方搞過文藝創作，寫了個短劇演出效果不錯，還被收入一個正式出版的文藝作品集中，因此一度嘗試創作。不過連續寫了幾個短篇私下給朋友看了，但他們的反應相當"中性"，我也便從此打住。大三時當代文學一時間較熱，我的興趣也被激發起來，以楊朔爲研究對象做的一份課程作業《楊朔散文古典文學淵源蠡測》和一篇習作論文《楊朔詩化散文簡論》在校內頗得謬許，後來分別發表在《蘇州大學學報》一九八三年第一期和《福建師範大學學報》一九八四年第三期上，後一篇還有過一點反響。然而我自己覺得或許以後能在這一領域做"票友"，但並非志趣所在，倒是在研究楊朔詩化散文繼承問題時，涉獵到李賀、蘇軾等古代作家，使我漸漸"移情"于唐宋文學了。一次偶然從《苕溪漁隱叢話》中讀到"許渾千首濕，杜甫一生愁"之說，後一句自然好理解，但對"許渾千首濕"卻悟不過來。許渾詩中爲什麼寫那麼多"水"？爲了求解，翻檢了許多書，包括一些文藝理論著作，都沒有滿意的答案。這樣我便一頭鑽進我校收藏了很多古籍，當時也對本科生開放的"紅樓"，寂寞而執著地讀了近一個學期的佛經後似有所悟，便決定以《許渾千首濕與他的佛教思想》爲題做畢業論文，接著又寫了一篇《試論許渾千首濕》的總論性論文。畢業留校後我試著投了出去，很快就在《學術月刊》（一九八三年第五期）和《陝西師大學報》（一九八四年第一期）上發表了，而且《學術月刊》是在我寄出稿件不到半個月就告知"決定刊用"，這對我很有些激勵。正是這點今天看來並不足道的"成就感"，使我堅定了選擇古典文學研究作爲學術方向的信心。

當學術方向確定以後就面臨著研究課題的選擇問題。現在的大學生也許因爲要學習、掌握的東西太多，知識面較寬，但在專門化的學科方向上學術敏感較差，尤其在古代文學學科領域，本科生已很少有自己獨特的話題。畢業論文大都是從老師開列的選題範圍選擇只是稍有涉獵且可以"拿來"的參考資料較多的題目去做，我總不免爲他們輕易放棄了一次，也許是本科階段最後一次嚴格的學術訓練的機會而感到可惜。至於研究生應該說是有慎重選題，認真研究的願望的，但往往苦於找不到有價值的題目，讀唐宋文學的研究生在選題方面就更爲困難些，似乎"到處都被開墾過，已無處插犁"。確實，唐宋文學特別是唐代文學，二十世紀四十年代以來研究成果在整個古典文學中最爲豐富，許多較有宏觀容量的課題都爲學者所涉及，微觀研究亦復如是，其研究的過程和結論都非常值得尊重。但情況還遠沒有嚴重到無題可做的程度，問題還在於是否有發現的眼光。在唐代文學研究領域，哪怕就以唐詩研究來說，既有從未開墾過的處女地，也有被粗糙地耙弄過卻又很快被拋荒的土地。前者待敏銳發現，開闢天地，後者待愈加功力，精耕細作。而無論何種選題的"發現"都需要對其知識內涵、在文學史（學術史）中的地位、與其他研究內容的關係有正確的考量，對其歷史價值、學術價值、文化價值有充分的認識，同時還應當具有自我加壓、自我挑戰的心態。還是以當初"發現"許渾來說吧，那時幾乎找不到任何參考文章（後來知道許永璋先生一篇論文發表於海外），顯然這是在學術界處於"被遺忘的角落"的詩人，但憑著我們這一代人對"山雨欲來風滿樓"這句詩的"銘心之感"和自己對"許渾千首濕"的審美直覺，我覺得那片處女地似的《丁卯集》值得深入研究，因而對涉及作家和文本的問題逐一加以認真探討，繼《學術月刊》後，又在《文學遺産》、《文史哲》和一些大學學報上發表了一系列論文，這些論文後來結集爲《晚唐詩歌格局中的許渾創作論》由太白文藝出版社出版，曾獲得江蘇省高校人文社會科學研究成果二等獎。現在國內研究許渾的論文已有幾十篇之多，從八十年代中期開始，就有一些高校的研究生以之爲題作畢業論文，近年來日本的有關研究論文，我所知道的也有十多篇。應該說當初對這一“冷課題”的價值認識是正確的，對唐代文學尤其是晚唐文學研究的拓展也有積極意義。

二、證　據

我在《唐詩演進論》的《後記》中說到“在治學上錢謙益提倡的‘先箋疏而後議論’，‘先證據而後發明’的學人風格對我很有影響。因此對無論或大或小的每一個學術課題，總是先埋頭作一些力求紮實的‘箋疏’和‘證據’方面的工作，然後在自己認識視野範圍內發表一些見解。”這確實是自己在較長時期研究中堅持的做法，是自我要求形成的一種研究習慣。其實作爲文學研究者我深知對作品的情感體驗和對文學史理性把握的重要，前者體現研究者的基本素質，後者體現研究者的思維能力。事實上在研究唐代詩歌演進的過程中，我也越來越感到“從初唐到晚唐的發展總的來說有一個從御用化向個性化演進，詩歌創作重心逐漸下移而世俗傾向不斷增強的過程”（《後記》），《唐詩演進論》正是力求從這一理路出發進行研究。也許這一理路能夠從一個側面把握唐詩史的特質，在一定程度上顯示出研究成果的一些新意。但就像對作品情感體驗的基礎是訓讀一樣，文學史研究（當然包括作家研究）的基礎是充分的文學史料方面的“證據”，缺少箋疏能力的凌虛議論往往不得要領，沒有證據的蹈空發明則必然是沙灘之塔。

　　之所以產生這一認識，形成這樣的研究習慣，與我在碩士生和博士生階段受到的學術薰陶和訓練有關。我的碩士導師是吳企明教授，他在學術上向以校勘、考據見長，一九八六年由上海古籍出版社出版的《唐音質疑錄》和其後出版的《須溪詞校注》都足見功力。博士導師錢仲聯教授在箋疏方面的成就更為學術界所推重，先生研究近代文學的《夢苕庵詩話》在四十年代可謂獨步學界，《韓昌黎詩繫年集釋》、《劍南詩稿校注》、《清詩紀事》等無一不是煌煌巨著。到錢師家訪問過的人一般對書房門上由陳石遺題寫的“夢苕庵”匾額印象很深，而對客廳西牆上的那塊由先生自題的“攀雲拜石師竹室”豎匾不太瞭解其義，其實這裏正披露出先生的學術祈向。雲者，虞山絳雲樓主人錢謙益；石者，秀水錢載，載號籜石；竹者，嘉定錢大昕，大昕號竹汀。先生追攀、崇拜、師法的這些“老錢家”，其中錢謙益除《初學》、《有學》、《投筆》三集之外，尚有《列朝詩集》、《開國群雄事略》、《明史斷略》、《杜詩箋注》等；錢載學問博大，其詩幾如知識譜系，“詩中空架子、假門面之語，皆掃而空之”（張維屏評語）；錢大昕更是清代樸學大師，著有《廿二史考異》、《元史氏族表》、《宋遼金元四史朔閏考》、《十駕齋養新錄》和宋明文人年譜多種。可見這些清代的錢氏宗師都是大力倡導實學且身體力行者。錢師曾為我講述此匾“出典”，怕不清楚，特地用筆寫下來。在確定博士畢業論文選題時，先生開列出幾個題目：錢謙益年譜、沈增植研究、王世貞研究、虞山詩派研究……，我能體會到先生讓我研究這些學術巨匠和“以博學為宗”的流派，就是要求他的最後一屆博士生盡可能地打好學問基礎，並養成良好的實證學風。

　　正是碩士和博士階段得到的指導和受到的薰陶我逐漸養成了在做研究課題之前必先坐冷板凳，做文獻資料和已有相關研究狀況的調查，有一份證據說一份話的習慣。我們這一代學人由於原本根底較淺，治學的社會環境和客觀條件與前輩學者也有很大不同，加之如我個人資質又較爲駑鈍，因此要達到像錢先生那樣大通大有，宏博知要的境界是不可能的，但在某一個研究課題以至一些微觀問題上儘量竭澤而漁式地去收集資料，最大限度地掌握"證據"，也並非不可能。我曾經爲研究清編《全唐詩》文本而寫過一篇《<全唐詩>編校者敍錄》的論文，全文大約一萬五千字，但爲了將揚州詩局彭定求等十位編臣的家世、學養、素質以及參加編校《全唐詩》的來龍去脈理清楚，查閱的清代相關文獻達一百五十多種，去除未必重要的和重復印證的資料，最後尙有近七十種在論文中引用。這篇文章海內外學術界反響都比較好，這應當歸結於在文獻上下了些死工夫。此前我在讀有關杜牧的生平史料時，發現《自撰墓誌銘》是一篇奇文，其中有一大段涉及陰陽五行的玄奧的對話，實際上暗示了他的出生、行實和大中六年時的生命狀態。但歷代研究杜牧的學者對該《墓誌銘》都沒有充分注意，認真解讀，當代杜牧研究專家同樣未及進行詳實的疏證。這樣便將全文泛泛地作臨終之言看待，以"年五十，斯壽矣，某月某日，終於安仁里"爲據，將其卒年定于大中六年。我不否認歷代文人的自爲墓誌有的確實標誌了作者生命的終結，但如果認爲其間的關係是必然而不是或然，其性質等同於其他人在某人死後所作的《墓誌》的話，在邏輯上是缺少說服力的。關鍵是要有"證據"，而對文本的疏證工作決不可忽略。爲此我致力於對文中杜牧與星術家楊晞玄奧對話的解讀，甚至爲弄清"自視其形，視流而疾，鼻折山根"到底是不是致命疾病的臨床症狀而請教中醫專家。這樣不但由"予生於角"一語考證出杜牧生辰爲貞元十九年九月十九日，而且揭示出《自撰墓誌銘》乃作者過度沈溺于星命術數的凶吉占驗，將“少得恙”時不祥之夢作爲死的預兆了，這只是一個“死的預言”而已，實際上杜牧的卒年當在咸通元年。研究論文在《人文雜誌》（一九八八年第六期）發表後，其中關於杜牧生辰的考證曾得到繆鉞先生“運思精深”的謬許，卒年問題卻在學術界引起爭論。不過“是”與“不是”仍然依賴於“證據”來說明。唐代有文獻記載表明杜牧與許渾當卒於同時，而近年來我在撰寫《許渾年譜稿》的過程中，恰恰考實許渾卒于咸通初，這應當是能夠起到佐證作用的。當然至此也未必可稱定論，如果有新的證據，已有的結論仍可能，有必要加以修訂。學術研究的進步就是基於新的材料和新的理念而不斷産生新的發明。

三、積　累

潘德輿在《養一齋詩話》中說過這樣一段話：“詩有何法？胸襟大一分，詩進一分耳。於詩求之，豈有入門之理哉！”我很欣賞這個說法，並且覺得移之于治學同樣是不刊之論。確實學術研究恐怕也很難說有什麼“入門之理”，不斷讀書、學習，知識量增加了，胸襟也會隨之擴大，自然逐漸會有一定的學術眼光，甚至産生發覆之見。總之，還是老生常談的那句話：積累是非常重要的。有了“博學以實之”的前提條件，才有“文章以達之”的可能。

師輩學者們常常批評現今年輕人偏于浮躁而缺少沈潛。雖然在今天的大環境中人們也許有許多難以沈潛的原因，但進行學術研究是無論無何要力戒浮躁的。就我自己來說就有過論文發表以後，經師長或朋友提示應再查閱某書，增加某條資料、強化某個論據的情況。這時總有一種自責和內疚感，因爲有些文獻其實也不算稀見，只要心氣沈著，多多開卷，積累豐富些，就能更紮實、更完善。一些同齡的或者更年輕些的學術界朋友也難免有積累不足，急於發言的缺陷。大約十年前，我曾受中國社科院文學研究所的委託在先生指導下爲《中國文學研究年鑒》撰寫《明清詩文研究》專欄的綜述論文，那些年讀到過一些學者研究八股文的論文。我很欽佩他們能領風氣之先，知難而進，但這畢竟是一個難度較高的課題，對之進行研究必須具有較爲深厚的國學知識的積累。我們知道啓功、張中行、金克木等先生或寫過一些八股文，或揣摩過大量的制義文本，並且手邊就有基本研究文獻，因而"說八股"能遊刃有餘。當然，要求今天的研究者一定要有八股文的寫作實踐是不現實的，明清兩代八股文汗牛充棟，要"大量閱覽"也沒有限度。但是既然要進行研究，有些並非難得的文獻如俞長城選輯的《可儀堂一百二十名家制義》、方苞選輯的《欽定四書文》、陳兆崙選輯的《制義體要》、梁章鉅的《制義叢話》、李元春的《四書文法》等是應當閱讀的。如果一些最基本的文獻資料都未經眼，我們論述起八股來真的就那麼有底氣嗎？

　　當有了較多的體驗後，自己對多讀書、多積累的重要性就有了更深的理解。積累是一個長期的循序漸進的過程，但有時也會出現"量的增加"的契機。在我的學術經歷中曾經有過幾次較好的機會。一次是一九九〇年以後周勳初、傅璇琮、郁賢皓等先生主持的重編《全唐五代詩》的編委會辦公室設在我校，學校對這一研究工作很重視。其時正好《漢語大詞典》（第十二分冊）的編纂工作剛剛結束，詞典編纂組原有的一個頗具規模的書庫就移交給了《全唐五代詩》的編委會，雖然是基本典籍，但比較系統。我參與編委會的常務工作，編務之餘便能"坐擁書城"靜靜地閱讀書庫中的藏書，頗有收穫，後來獲得第二屆華東地區古籍優秀圖書一等獎的《丁卯集箋證》的撰著在很大程度上是得益於那些年的學術積累的。

　　另一次是前幾年的事。一九九八年我受邀請到日本花園大學講學，我的寓所就在校內國際交流會館的一樓。到那裏我就得知頗為知名的日本禪文化研究所竟然就在離我所住的會館二三百米的地方，以前一直由入矢義高先生主持、衣川賢次先生協理的“禪宗語錄讀書會”也就在這裏進行。不久我就參加了他們每兩個星期一次的讀書會，漸漸與禪文化研究所資料室主任西口芳男先生熟悉了，得允借案於他們收藏佛教典籍極富的書庫讀書。更讓人高興的是花園大學圖書館離我的住處更近，而且書庫裏也不乏可資利用的漢籍。在日本入庫借閱圖書資料是相當方便的，可以一疊一疊地借回去，如果只是需要某本書裏的部分資料，那麼書庫裏有影印機，自己複印就是了，所有的手續僅是簽個名而已。花園大學是一所比較著名的佛教系統的學校，因此到日本後我就接著在國內開始了的課題，繼續研究寒山，《唐詩演進論》中有關寒山研究的文字都是得助于禪文化研究所和花大圖書館的。花園大學就在京都，這一年我也不時到享有盛名的京都大學人文研究所東洋學文獻中心和文學部資料室去閱覽，但多少有些不便。然而很巧，第二年京都大學文學部邀請我擔任大學院（即研究生院）文學研究科教官。記得和川合康三教授見面後他即盛情地帶我到文學部書庫參觀，而平田昌司教授則和我一起到東洋學文獻中心辦理了本校兼任教官的借閱手續，以後就方便多了。京都大學的漢籍收藏極為豐富，而且連一些善本線裝書也可借出捧回去看，對我來說確是再幸運不過了。獨自在海外工作的日子，有什麼比讀書更使人感到充實呢？那些日子授完課即可遊入書庫，靜夜則

攤書而讀，寫劄記作索引，補往昔之不足，爲來日而層壘，東瀛
二載成爲一段很有意義的讀書生活。

　　卻顧來時路，花飛屐齒新。回想較長時間古典文學的學習與
研究，思考過一些問題，寫過一點文字，不足言成績，然而有不
少甘苦寸心自知。以上說到"選擇"、"證據"和"積累"都是
自己治學中的一些體會，前二者與總的學術背景和個人的學術風
格有關，而"積累"之道應當是有普遍意義的，願意贅言並以"層
壘向上"四字與朋友們共勉。

後 記

　　本書的自序寫在二〇〇三年秋，而提筆寫後記則已是申猴之歲春節假期的尾聲了。短短的幾個月似乎已經歷了太多的事情，家母不幸病故尤其恩師錢仲聯先生的仙逝，使我久久進入"心靈的冰期"而難以融蘇。這幾天在斟酌本書內容的時候，我將前年《江海學刊》爲紀念錢師九五壽誕而刊發的我評論《沈曾植集校注》的文章編入，題目由原來的"學術大邦，箋注絕唱"改爲"學人之詩的最後輝煌"，以寄寓紀念先生的一瓣心香。附錄中原擬採用其他一篇論文的，現在也抽掉，改用實錄先生逝世前仍心繫學術情景的悼念文章。德星隕落，典型永存。先生之道德文章如高山流水，將永遠沾漑著他的學生和所有學人，並爲學界所宗仰。

　　據說，今年江南的春節是近十多年最寒冷的一個春節，我相信這個說法，因爲我親歷過、體味過。然而無論如何，在這個寒冷之冬，將這些有關明清詩文研究的文稿修訂整理完成，還是感到非常快慰的。這裡，我特別要向臺灣大學何寄澎教授致謝，感謝他向出版社熱情推薦，使拙稿得以梓行。是爲後記。

作者寫于甲申年正月十六日